KB059341

과학자의
연애

일러두기

이 책에 사용된 사진과 그림은 출처 및 저작권을 확인해 정상적인 절차를 밟아 사용했습니다. 출처와 저작권자를 밝혀야 하는 사진은 가장 마지막 면에 정리돼 있습니다.

세상을 바꾼 그들의 사랑_ 04

과학자의 연애

초판 1쇄 발행 _ 2015년 11월 20일
초판 2쇄 발행 _ 2017년 2월 20일

지은이 _ 박민아, 박병철, 이은희, 이인식, 최세민, 홍승효

펴낸곳 _ 바이북스
펴낸이 _ 윤옥초
기획_ 도은숙
책임편집 _ 김태윤
외주교정 _ 김학민
디자인팀 _ 이정은, 이민영

ISBN _ 979-11-5877-002-0 04080
978-89-92467-94-0 (세트)

등록 _ 2005. 7. 12 | 제 313-2005-000148호

서울시 영등포구 선유로49길 23 아이에스비즈타워2차 1005호
편집 02)333-0812 | **마케팅** 02)333-9918 | **팩스** 02)333-9960
이메일 postmaster@bybooks.co.kr
홈페이지 www.bybooks.co.kr

책값은 뒤표지에 있습니다.

책으로 아름다운 세상을 만듭니다. — 바이북스

세상을 바꾼
그들의 사랑
04

과학자의 연애

—

박민아
박병철
이은희
이인식
최세민
홍승효

바이북스
ByBooks

프롤로그

이 책을 읽기 전에

사람의 인생에 큰 영향을 미치는 요소는 당대 역사, 타고난 재능과 외모, 성장 배경 등 아주 다양하다. 각각의 요소는 얽히고설켜 한 사람의 인생을 좌우한다. 그 가운데 연애 사건은 어떨까? 물론 연애란 앞에서 열거한 항목의 하위 항목인지도 모른다. 그러나 때로 하위 항목이 상위 항목을 떠올리지도 못하게 할 만큼 큰 소리를 내기도 하는데, 연애 사건이 바로 그러한 예가 아닐까. 특정 대상을 그리워하고 사랑했던 경험을 배제한 채 그 사람이 어떤 인생을 살았는지 전부 말했다 할 수 있을지 의문이다.

시리즈 〈세상을 바꾼 그들의 사랑〉은 이런 생각에서 출발했다. 굳이 각 권 제목마다 '사랑'이라는 아름다운 말보다 '연애'라는 통속적 느낌의 단어를 앞세운 이유는, 사랑이라는 말이 추상적인 느낌을 준다면 연애라는 말은 구체적 행위성을 좀 더 잘 나타낸다고 생각했기 때문이다. 남과 여, 남과 남, 여와 여가 만나 서로 그리워하고 귀하게 여기고 때로 집착하기도 하는 것은 단순히 감정에 그치지 않고 대단히 실제적 행위로 연결되기 때문이다.

그렇다면 인문, 사회, 과학, 예술 등의 분야에서 탁월한 업적을 남긴 사람에게 연애는 어떨까? 범인의 연애와 마찬가지 아닐까? 그들도 세상에 널리 알려지기 전에는 보통 사람이었으며, 사랑은 동서고금·남녀노소를 가리지 않고 집요하게 파고드는 불가항력의 감정이기 때문이다. 물론 특별히 이들의 연애사에 관심을 기울이게 된 데는 비범한 사람의 연애라면 보통 사람의 연애와는 다른 '한 끗'이 있으리라는 기대를 품었기 때문이다. 예상은 적중했다.

소설가 보부아르는 철학자 사르트르가 작업 멘트로 날린 "자유, 글 쓰는 삶, 제도 밖의 사랑"에 경도되어 그와 함께 평생 이 세 가지를 격정적으로 실천했다. 철학자 니체는 정신분석학자 살로메에게 실연당한 뒤 불후의 걸작 《차라투스트라는 이렇게 말했다》를 써냈다. 뿐인가. 예수회 사제였던 카를 라너는 소설가 루이제 린저를 만나 이미 급진적이었던 자신의 사상을 더욱 발전시켜나갔고, 독일 작곡가이자 지휘자인 브람스는 스승 슈만의 아내 클라라를 평생 짝사랑해 자신이 만든 곡을 헌정하기도 했다. 또한 과학자 아인슈타인은 스위스 취리히 공과대학 동급생이자 부인인 밀레바 마리치의 공헌으로 자신을 세기의 과학자 반열에 올린 세 가지 발견(상대성이론, 광전 효과, 브라운 운동)을 이루어냈고, 악마의 현신이라 불려도 과하지 않을 히틀러조차 죽음 직전에 한 일이 에바 브라운과의 결혼식 거행이었다.

이에 〈세상을 바꾼 그들의 사랑〉은 인류의 지성사·정치사·예술사를 이끌었던 이들이 남긴 자취의 공과를 '연애'라는 아주 사적이고 내밀한 사건을 중심으로 들여다볼 것이다. 또한 동서고금 인간에게 지대한 힘을 발휘하는 연애란 무엇인지 생각해보는 계기도 제공한다.

다만, 100명이 연애하면 100가지 연애 이야기가 나온다는 누군가의 말처럼 이 연애 사건을 한 사람의 시선으로 풀어내는 것은 독자의 시야를 좁히는 결과를 낳으리라는 우려가 있었다. 분야별로 권을 나누어 이야기를 전개하되, 한 분야를 6인 이상의 저자가 각기 다른 인물을 선택해 풀어나갈 것이다. 또한 인류의 역사가 오랫동안 남성 중심으로 전개돼온 탓에 각 분야의 권위자는 대개 남성이라는 한계가 있는데, 이러한 가운데에서도 빛을 발했던 여성의 이야기도 최대한 담아낼 것이다.

〈세상을 바꾼 그들의 사랑〉이 들려주는 연애 이야기, 그 이야기를 중심으로 전개되는 각 분야의 지식을 접하며 어렵게만 여겼던 철학, 종교, 정치, 과학 등에 한 발짝 다가가게 된다면 좋겠다. 더불어 이 책을 통해 자신이 해왔거나, 하고 있거나, 앞으로 할 그리고 분명히 인생의 전환점인 사랑에 대해 자신만의 고유한 관점을 갖추게 된다면 더없이 좋겠다.

바이북스 편집부

차례

Scientists In Love

"나의 사랑, 나의 빛, 나의 태양! 내 손을 잡아주던
당신의 작은 손이 그립고, 나를 따뜻하게 감싸주던 가녀린 두 팔이 그립습니다.
그러나 제일 그리운 것은 당신의 그 타는 듯한 입술입니다.

chapter

01

사랑은 상대적이다

알베르트 아인슈타인 & 밀레바 마리치

박병철

• 이 글은 아인슈타인의 상대성이론을 쉽게 이해할 수 있도록 참고 문헌을 바탕으로 작가의 상상력을 첨가해 일기 형식으로 작성됐다.
• 아인슈타인과 밀레바의 삶과 업적에 관해서는 에필로그에 좀 더 일목요연하게 정리되어 있다.

글쓴이 **박병철**

연세대학교 물리학과를 졸업하고(1983), 한국과학기술원(KAIST) 물리학과 박사 과정을 졸업했다(1991, 이론입자물리학 전공). 현 대진대학교 물리학과 초빙 교수다.
번역서로 《엘러건트 유니버스》, 《페르마의 마지막 정리》, 《평행우주》, 《파인만의 물리학 강의 I, II》, 《마음의 미래》 등이 있다.

1895년 5월 21일

나의 사랑, 나의 천사! 누군가를 미치도록 그리워하는 마음을 이젠 저도 알 것 같습니다. 떨어져 있을 땐 너무 보고 싶어서 괴롭지만, 누나를 만나면 모든 괴로움은 씻은 듯이 사라지고 그저 기쁘기만 합니다. 그래서 저는 이 사랑을 멈출 수가 없습니다. 누나는 내게 행복을 안겨주는 작은 태양입니다.

쓰고 나서 다시 읽어보니 손발이 다 오그라드는 것 같다. 이런 유치한 편지로 마리 누나의 마음을 얻을 수 있을까? 아니다, 약해질 필요 없다. 먼저 관심을 보인 사람은 내가 아니라 누나였으니까. 어제 함께 연주할 때 나를 바라보던 눈길도 그랬다. 지금까지 바흐의 바이올린-피아노 소나타를 여러 번 연주해봤지만, 그런 눈길로 나를 응시하며 피아노를 치는 여자는 본 적이 없다. 그 수학적인 대위법 선율에서 어떻게 그런 부드러운 감성을 떠올릴 수 있을까? 사랑이 아니고선 불가능한 일이다. 저녁때 디저트로 내놓은 푸딩도 마찬가지다. 다른 사람들은 너무 달다고 투덜댔지만, 누나가 나를 위해 일부러 달게 만든 것 같다. 그래, 누나는 나를 좋아하는 게 틀림없다.

그런데 문제가 있다. 누나는 내가 다니는 아가우 칸톤 고등학교의 교장 선생님 빈텔러 씨의 막내딸이다. 게다가 나는 지금 가족과 떨어져 교장 선생님 집에서 더부살이를 하고 있다. 공부만 죽어라 해도 눈치가 보이는 판에, 누나와의 로맨스를 과연 교장 선생님이 이해해줄까? 물론 턱도 없는 소리다.

내가 어쩌다 이런 처지가 되었을까? 재수생의 신분으로 고등학교 3학년에 편입했다고 하면 다들 이상한 눈으로 쳐다본다. 하긴, 내가 보기에도 정상이 아니다. 올해 초에 취리히 공과대학에 응시했다가 난생처음으로 미역국을 먹었다. 물리학과장 베버 교수님이 "16세는 대학 다니기에 너무 어린 나이"라며 고등학교를 1년 더 다니라고 했다. 아니, 물리학을 배우는 데 나이가 무슨 상관이란 말인가? 나는 항상 내 동급생들보다 세 살 어렸지만, 그들에게 실력으로 밀린 적은 없었다. 그런데 군대를 방불케 하는 그 지옥 같은 고등학교로 다시 돌아가라니! 형기를 간신히 마치고 출감한 죄수한테 감옥으로 돌아가라는 말이나 다름없다.

그나마 다행인 것은 지금 다니는 학교가 그런대로 자유롭다는 점이다. 그리고, 뭐? 프랑스어 성적이 안 좋다고? 그래, 난 프랑스어랑 안 친하다. 얼굴에 기름기 줄줄 흐르는 귀족들이 고급 레스토랑에 앉아서 가

1893년경 아인슈타인. 그는 평범한 어린 시절을 보내지 못했는데, 천재라기보다 문제아로 취급받았다.

십거리나 주고받을 때 쓰는 그런 천박한 언어는 내 체질에 안 맞는다. 마리 누나와 내가 프랑스어로 대화를 나눴다면 내 마음을 담백하게 전하지 못했을 거다.

마리 빈텔러. 나는 그녀를 이 세상 누구보다 사랑한다. 나보다 두 살 많지만 상관없다. 학년으로 따지면 나보다 1년 후배니까. 가만히 보면 생각하는 것도 어린애 같다. 나중에 선생님이 되겠다는 여자가 과학 이야기만 나오면 손사래를 친다. 그럴 때마다 나는 "과학적 사고야말로 삶의 기본이며 인간을 인간답게 만들어주는 고귀한 정신 활동"이라고 타이르지만, 씨도 안 먹히는 것 같다. 뭐, 그래도 상관없다. 나중에 부부가 되면 타이를 시간은 충분하니까.

마리 누나의 오빠 파울이 내 여동생 마야에 대해 저녁 내내 질문을 퍼붓는 바람에 밥도 제대로 못 먹었다. 마야한테 관심이 꽤 많은 모양이다. 그러면 우린 어떻게 되나……. 만사가 순탄하게 풀리면 겹사돈이 되는 건가?

1895년 8월 14일

어제 취리히 공과대학에서 합격 통지서가 날아왔다. 가을에 입학하라고 한다. 그러나 오늘은 내 인생 최악의 날이었다. 아무래도 신은 내가 행복하기를 바라지 않는 모양이다. 취리히는 여기서 80킬로미터나 떨어져 있으니 대학에 가려면 마리 누나와 당분간 헤어져 살아야 한다. 맹세컨대, 누나를 향한 나의 사랑은 지리적 거리와 상관없다. 하지만 누나의 생각은 나와 많이 다른 것 같다.

나와 헤어지는 것이 싫어서 투정을 부린 걸까? 오늘 우리 두 사람은 정말 말도 안 되는 일로 대판 싸웠다. 아니, 두 남녀가 서로 사랑하는데 처음에 누가 먼저 좋아했는지, 그게 무슨 상관이란 말인가? 내가 취리히로 가는 게 싫어서 투정을 부렸다는 거, 나도 안다. 하지만 "제멋대로 좋아했다가 제멋대로 떠난다"는 말은 너무 심했다. 나도 순간적으로 발끈하여 "누나가 먼저 좋아했잖아!"라고 따졌는데, 그것이 결정적인 실수였다.

우리 어머니는 마리 누나를 좋아한다. 집안 살림도 잘하고, 어른을 대하는 태도도 아주 상냥하고 예의 바르니까. 두 달 전에 누나가 나를 칭찬하는 글로 도배된 편지를 어머니에게 보냈는데, 그걸 온 집안 식구들이 돌려가며 읽었다고 한다. 낯 뜨거워서 원……. 그 후 누나는 어머니가 보낸 답장을 나한테 보여주면서 "우리 둘 사이를 허락하셨다"며 기뻐했다. 그때만 해도 나는 우리 둘 사이를 조금도 의심하지 않았다. 내 평생에 여자는 마리 누나 한 사람으로 충분하다고 생각했다. 그러나 지금 나는 심각한 딜레마에 빠졌다. 우리는 정말 서로를 진정으로 사랑하는 것일까?

인과율에 입각해서 찬찬히 생각해보자. 빈텔러 선생님의 집에 처음 왔을 때, 누나와 나는 완전히 남남이었다. 그전에도 몇 번 얼굴을 본 적은 있지만, 창백한 얼굴에 비쩍 마른 몸매가 그다지 매력적으로 보이지 않았다. 그런데 한집에 살다 보니 자연스럽게 대화가 많아지고, 각자의 미래를 이야기하면서 감정을 나누기 시작했다. 내 방 책꽂이에 꽂혀 있는 맥스웰의 전자기학 책을 보고 별종 취급을 하다가도, 함께 연주할 때는 더없이 깊은 눈으로 나를 바라보곤 했다. 나는 마리 누나가 나를 좋아한다고 확신했다. 그런 확신이 없었다면 나를 받아주신 빈텔러 선생님의 집에서 감히 선생님의 딸을 넘보지 않았을 것이다. 나의 마음에 불씨를 당긴 사람은 분명히 마리 누나, 나의 마리였다.

그런데 마리는 정반대의 주장을 하고 있다. 내가 너무 어려서 동생처럼 생각했는데, 자기를 바라보는 눈동자가 너무 간절해서 마음을 열어줬다는 것이다. 우리 둘 다 '네가 원인이고 나의 사랑은 그 결과'라고 생각했나 보다. 마리는 나한테 "여자 마음을 갖고 노는 바람둥이"라고 비난했고, 나는 마리한테 "서운한 마음을 분노로 해소하는 경솔한 여자"라고 퍼부었다. 이미 물은 엎질러진 것 같다. 그런데 정말 이상하다. 한 사람은 A가 원인이고 B가 결과라고 생각하는데, 또 한 사람은 B가 원인이고 A가 결과라고 주장한다. 어떻게 이런 일이 있을 수 있다는 말인가?

두 남녀가 서로 상대방을 향해 다가가면 거리가 가까워진다. 둘 중 한 쪽이 일방적으로 다가갔든, 둘이 동시에 다가갔든, 결과는 마찬가지다. 심지어 한 사람은 도망가는데 상대방이 더 빠른 속도로 추격해도 둘 사이의 거리는 가까워진다. 지금 우리가 이 세 가지 경우 중 어떤 경우인지 판별할 수 있을까? 판별할 수 있다면 판단 기준이 존재할 것이고, 판별할 수 없다면 이런 의문 자체가 무의미해진다. 우리의 감정 변화를 일일이 기록해놓지 않았으니, 기준이 존재한다고 해도 지금 당장은 확인할 길이 없다. 결국 우리는 각자 반박할 수 없는 자신만의 논리를 펼치면서 상대방을 궁지로 몰아넣은 셈이다.

오늘 나는 확실한 교훈을 얻었다. 두 남녀가 서로를 향해 다가가기만 한다면, 가까워질수록 원치 않았던 모습이 눈에 띄다가 결국은 서로를 스치며 지나가게 된다는 것을. 두 사람이 오랜 시간 동안 함께하려면 대책 없이 가까워지는 것보다, 같은 방향으로 나아가는 것이 중요하다. 둘 중 한 사람이 양보해서 상대방의 진행 방향과 보조를 맞춰도 좋고, 둘 다 방향을 바꿔서 제3의 방향으로 나아가도 상관없다. 둘 사이의 거리를 유지하는 길은 이것뿐이다.

1896년 3월 3일

전자기학 – 정말이지 너무나 아름다운 학문이다. 고등학교 때는 개념적인 이해만 하고 넘어갔는데, 대학에 와서 자세한 구조를 알고 나니 자연의 오묘함과 인간 지성의 위대함이 피부에 절실하게 와 닿는다. 오늘 강의 시간에 빛(전자기파)에 관한 설명을 듣다가 문득 작년에 헤어진 마리가 생각났다. 그때 나는 마리가 내 인생의 빛이라고 생각했었지……. 그러나 그 빛은 이미 아득히 멀어졌다. 아니, 내가 빛으로부터 멀어진 건가?

마리와 열정에 휩싸이지 않고 좀 더 신중하게 미래를 설계했다면 어땠을까? 우리 둘이 보조를 맞춰 같은 방향으로 나아갔다면……. 그래도 현실적인 장벽은 어쩔 수 없었겠지만, 적어도 상대방을 비난하며 싸우지는 않았을 것이다. 같은 속도로 같은 방향을 향해 나아간다면 상대방이 변해도 모를 것이다. 나도 함께 변할 테니까.

작년 이맘때 비슷한 의문을 떠올린 적이 있다. 내가 빛과 함께 나아간다면, 빛도 나에게 한결같은 모습을 보여줄까? 빛의 최첨단이 항상 내 옆에 있으니, 빛의 파동은 더 이상 진동하지 않고 나를 지나쳐서 앞으로 가지도 않을 것 같다. 하지만 지금은 그 답이 '노'라는 것을 확실하게 깨달았다. 맥스웰의 전자기학에 의하면, 빛은 우리가 어떻게 움직이건 항상 우리로부터 똑같은 속도로 멀어져간다. 심지어는 두 사람이 각기 다른 속도로 빛을 쫓아가면서 빛의 속도를 측정해도, 두 사람에게는 항상 똑같은 값이 얻어진다. 그렇다. 마리와 내가 같은 곳을 바라보며 나아갔

Der Erziehungsrat
des
Kantons Aargau
urkundet hiemit:
Herr Albert Einstein von Ulm,

아인슈타인이 17세에 받은 대학 입학 자격증. 그는 입학 자격을 얻기 위해 고등학교를 1년 더 다녀야 했다.

다 해도, 속도가 다르면 우리 둘은 멀어졌을 것이다. 왠지 마리가 다른 남자를 만나도 나와 똑같은 상황이 벌어질 것만 같다. 왜냐하면 마리는 그에게도 빛과 같은 존재일 테니까.

나를 이 학교에 입학시켜준 베버 교수는 날이 갈수록 점점 더 나를 쪼아대고 있다. 자기 강의를 듣지 않는다고 화가 난 모양이다. 하지만 나는 비싼 학비를 지불했으므로, 내가 원하는 강의를 골라서 들을 권리가 있다. 베버 교수의 강의는 정말 견디기 힘들다. 5분이면 충분한 내용을 두 시간 동안 떠들고 있지 않은가. 따지고 보면 그는 나의 인생에서 소중한 1년을 낭비하게 만든 사람이다. 더 이상 그 사람 때문에 내 인생을 낭비하기 싫다.

전자기학을 같이 듣는 학생들 중에 밀레바 마리치라는 여학생이 있다. 나이는 나보다 세 살 많은데, 하는 행동은 역시나 어린애 같다. 여자들은 원래 정신 발육이 더딘 것일까? 게다가 그녀는 통 웃지 않고 말수가 적으면서 다리까지 절룩거린다. 여성의 신분으로 이 학교에 들어왔으니 엄청 똑똑하긴 할 텐데, 나는 잘 모르겠다. 대체 무슨 '말'을 해야 똑똑하다고 인정을 해주지! 그럴 리는 없겠지만, 만일 그녀와 나 사이에 애정이 생긴다면 100퍼센트 그녀가 먼저 접근한 거다. 이번에는 정말 확실하다. 나를 깊은 눈으로 바라보지도 않고, 피아노도 칠 줄 모르고, 발칸 반도 출신인 데다가 아무리 뜯어봐도 예쁜 구석이라곤 전혀 없으니까!

1899년 4월 26일

나의 사랑, 나의 빛, 나의 태양! 내 손을 잡아주던 당신의 작은 손이 그립고, 나를 따뜻하게 감싸주던 가녀린 두 팔이 그립습니다. 그러나 제일 그리운 것은 당신의 그 타는 듯한 입술입니다.

제길……. 연애편지는 아무리 써도 도대체가 늘지를 않는다. 마음이 간절할수록 내용은 더 유치해지는 것 같다. 내가 여자라면 이런 뻔한 수작에 절대로 넘어가지 않을 것이다. 그런데 여자들은 이보다 훨씬 더 유치한 편지에도 눈물을 흘리며 감동하지 않던가? 참으로 한심하지만, 다른 한편으로는 정말 다행이 아닐 수 없다. 여자들이 이런 뻔한 편지에

쉽게 감동하지 않았다면 나의 삶은 몇 배나 고달팠을 것이다.

밀레바 마리치, 나는 지금 그녀에게 연애편지를 쓰고 있다. 지금 나에게 제일 중요한 일은 그녀의 마음을 확실하게 얻는 것이다. 나는 그녀가 수학과 학생들과 가까운 줄 알았는데, 그로스만의 이야기에 의하면 밀레바는 처음부터 나에게 관심이 있었다고 한다. 그녀와 연인 사이가 되면 나는 가시밭길을 가야 한다. 모든 게 불 보듯 뻔하다. 이 세상 어떤 부모가 집안 살림은 고사하고 자기 몸 하나 제대로 가누지 못하는 여자를 며느리로 삼고 싶을까? 내 아들이 밀레바 같은 여자와 사귄다고 해도 나 역시 반대할 것 같다. 그런데도 나는 지금 그녀를 내 여자로 만들기 위해 기를 쓰고 있다.

3년 전, 밀레바를 처음 봤을 때, 나는 그녀를 결코 연애 대상으로 생각하지 않았다. 그런데 지금은 모든 것이 변했다. 왜 이렇게 되었을까? 대체 무엇이 달라졌기에, 내가 그녀에게 손발 오그라드는 편지를 쓰고 있을까? 그사이에 밀레바가 예뻐졌나? 아니다. 신입생일 때가 훨씬 예뻤다. 그럼 밀레바가 사교적인 성격으로 바뀌었나? 이건 더 아니다. 그녀는 갈수록 혼자만의 세계로 빠져들고 있다. 밀레바가 변하지 않았다면 내가 변했다는 얘기인데, 딱히 자각 증세가 없어서 뭐가 변했는지 잘 모르겠다.

무언가가 변했다는 것은 흐르는 시간에 따라 개체의 속성이 달라졌다는 뜻이다. 언젠가 수학과 민코프스키 교수는 "공간과 마찬가지로 시간도 하나의 방향"이라고 했다. 그러니 출생 후 시간이라는 하나의 축을

1896년경 밀레바. 그녀는 아인슈타인보다 세 살 연상이었다.

따라 20년 동안 이동해오면서 지금의 내가 만들어진 셈이다. 아니, 이동한 게 아니라 가차 없이 떠밀려왔다고 해야겠지. 시간 축을 따라가는 이동은 공간 이동과 달리 속도를 조절할 수도 없고, 방향을 내 맘대로 선택할 수도 없으니까 말이다. 수학적으로는 시간과 공간을 굳이 구별할 필요가 없는데, 인간의 인지력은 오직 공간에만 집중되어 있다는 게 조금 이상하다. 보고, 듣고, 냄새 맡고, 사물을 만지고 느끼는 것은 한결같이 '공간 속에서 나의 위치'를 판단하기 위한 행위이다. 그런데 시간 속에서 나의 위치를 판단하는 감각 기관은 어디에 있는가? 우리는 무엇으로 시간의 흐름을 감지하는가? 아무리 찾아봐도 그런 감각 기관은 없다. 그래서 나는 시간 축에서 나의 위치를 판단하지 못하고 시간의 흐름도 느낄 수 없기 때문에, 달라진 나를 자각하지 못하는 것이다. 가만, 이게 말이 되나?

어쨌거나 나는 달라졌고, 달라진 나는 밀레바를 사랑한다. 부모님께서 아무리 반대한다 해도, 나는 끝까지 그녀와 함께할 것이다. 4년 전에 마리에게 범했던 우를 다시는 반복하지 않을 것이다. 그녀와의 사랑을 이룰 수만 있다면, 나는 지금까지 쌓아온 모든 것을 포기할 수 있다. 뭐, 쌓은 게 거의 없긴 하지만.

1901년 11월 16일

단언한다. 나는 지금 이 세상에서 가장 비참한 인간이다. 그렇지 않다면 나보다 더 비참한 인간이 있다는 뜻인데, 그는 틀림없이 심리적 고통에 못 이겨 스스로 목숨을 끊었을 것이므로 위의 명제는 참이다.

몇 달 전에 휴식을 위해 고향 세르비아로 돌아간 밀레바로부터 편지가 왔다. 임신했다고 한다. 임신이라, 임신……. 아무런 생각이 안 난다. 그냥 땅을 파고 들어가 영원히 숨어버리고 싶다. 조금 유별난 여자를 사랑한 대가치고는 너무 가혹하지 않은가. 이런 상황에 임신이라니!

대놓고 말하진 않았지만, 내 인생을 망친 사람은 베버 교수다. 나를 대학에 입학시켜주고 졸업 후에는 조교를 시켜준다고 해놓고, 결국은 등을 돌려버렸다. 그래서 나는 지금 실업자다. 얼마 전에 한 고등학교에 임시 수학 교사로 취직해서 간신히 입에 풀칠을 해왔으나, 교장이라는 사람이 나를 모함하더니, 적반하장으로 반란 모의죄로 고소까지 하는 바람에 비참한 꼴로 쫓겨났다. 아무리 임시 교사라고 해도, 학교가 비정상적으로 운영되는 꼴을 보고만 있을 수는 없지 않은가? 앞으로 비슷한 상황에 놓인다 해도, 나는 똑같이 할 것이다.

이제 어떻게 살아야 하나? 길거리에서 바이올린이라도 켤까? 미하엘이 말했던 보험 회사에 이력서를 넣어볼까? 밀레바는 나만 바라보고 있는데, 나는 그녀에게 아무것도 해줄 수 없다. 베버 교수는 내 인생을 망쳤지만, 밀레바의 인생을 망친 사람은 바로 나다. 물리학과 졸업 시험에 두 번이나 떨어졌으니, 물리학자로서 그녀의 인생은 끝난 거나 마찬가지다. 이제 내가 그녀를 책임지고 돌봐야 하는데, 아무런 대책이 없다. 벼랑 끝에 서보니 내가 얼마나 무능한 인간이었는지 이제야 알 것 같다. 나 같은 인간은 이 세상에 태어나지 말았어야 했다.

밀레바에게는 차마 이런 모습을 보일 수 없어서 "나도 몹시 기쁘다"는 답장을 보냈다. 물론 기쁜 건 사실이다. 아버지가 된다는 것은 확실히 보람 있는 일이다. 그러나 우리 아버지를 생각하면 그 보람도 오래가진 않을 것 같다. 지금 나는 스무 살이 넘도록 아버지에게 손을 벌리고 있지 않은가. 다른 친구들은 모두 독립해서 미래를 설계하고 있는데, 나는 능력도 없는 주제에 친구들보다 먼저 아버지가 될 처지에 놓였다. 최악이다. 더 이상의 바닥은 없다. 희망도 없다. 사는 것 자체가 형벌이다.

1902년 12월 30일

밀레바의 인내심이 한계에 도달한 것 같다. 그래서 요즘은 단 하루도 조용히 지나가는 날이 없다. 그녀는 나 때문에 학자로서의 삶을 포기했는데, 나는 자체적 무능함 때문에 학자가 되지 못했다. 이런 나를 버리지 않은 것만도 고마워해야 할 판에 결혼을 자꾸 뒤로 미루고 있으니, 불만스러워하는 것도 무리가 아니다. 입이 열 개라도 할 말이 없다. 그러나 어쩌겠는가? 지금 결혼하면 우리는 극빈층으로 전락한다. 밀레바는 남의 집 가정부를 해서라도 살림을 꾸리겠다고 우기지만, 그건 내 양심이 허락하지 않는다. 취리히 공과대학에서 나보다 학점이 좋았던 여자가 가정부라니! 비참한 삶은 나 하나로 충분하다.

아버지는 두 달 전에 돌아가시면서 우리의 결혼을 허락하셨다. 평생 아들을 위해 헌신하셨으나, 그 아들이 사람 구실 하는 모습을 끝내 못 보고 돌아가셨다. 결국 나는 아버지에게 끝까지 무능한 아들이었다. 위대한 학자가 되라며 나를 대학에 보내주시고, 사업이 어려운 와중에도 학비를 꼬박꼬박 보내주셨던 아버지. 내가 좌절에 빠질 때마다 세상이 너를 알아볼 때까지 기다리라며 용기를 북돋아주셨던 아버지. 그런 아버지에게 내가 마지막으로 보여드린 모습은 특허청 말단 직원이었다.

오늘 밀레바와 또 한 번 크게 싸웠다. 서로 상대방에게 상처 주는 말을 마구 내뱉다가, 결국은 밀레바의 통곡으로 마무리되었다. 내일 만나도 똑같은 상황이 되풀이될 것이다. 나를 포함한 연인들은 서로 사랑한다면서 대체 왜 싸우는 것일까? 동료들과 일하다가 어려운 일에 마주치면 서로 머리를 맞댄 채 논리적 사고로 해결책을 찾아내는데, 연인들은 왜 그렇게 못 하는 걸까? 논리적 사고보다 왜 감정이 앞서는 걸까?

문득 7년 전에 헤어졌던 마리가 생각난다. 지금은 파울과 마야가 부부가 되었으니, 마리는 내 사돈이다. 그때 우리는 서로 상대방이 먼저 나를 좋아했다며 유치한 언쟁을 벌였었다. 밀레바는 어땠지? 내가 먼저 그녀를 좋아했던가? 아니면 그녀가 먼저 나한테 관심을 가졌었나? 중간에 하도 많은 일을 겪어서 기억이 가물가물하다. 하지만 이것 하나는 확실하게 기억난다. 마리와 헤어지면서 나는 여자와의 거리가 대책 없이 가까워지도록 방치하지 않기로 결심했었다. 두 사람이 일정 거리를 유지한 채 같은 방향으로 나아가는 게 중요하다고 생각했다.

밀레바와 내가 설정한 방향은 둘 다 훌륭한 물리학자가 되는 것이었다(한낱 꿈에 불과했지만). 누가 누구에게 먼저 다가갔는지, 그런 건 중요하지 않다. 지금 우리의 문제는 둘 사이의 거리가 지나치게 가까워져서 서로의 단점이 적나라하게 드러났다는 점이다. A가 B를 향해 다가갔든, B가 A를 향해 다가갔든, 결과는 똑같다. 마음의 거리는 상대적이다. 그러니까 처음에 밀레바가 나한테 열렬하게 구애를 했어도 지금의 나는 여전히 불행할 것이다.

이렇게 생각하니 마음이 조금 가벼워진다. 그런데 마음의 거리와 공간상의 거리는 서로 밀접하게 관련되어 있지 않던가? 아무리 사랑하는 사람도 먼 곳에 살면서 오랫동안 보지 못하면 마음까지 멀어지기 마련이다. 그렇다면 두 사람 사이의 공간적인 거리도 심리적 거리처럼 상대적이지 않을까?

나 자신을 합리화하다 보니 별 희한한 생각이 다 떠오른다. 내일 밀레바를 만나서 인내심을 발휘하려면 일찍 자두는 게 좋을 것 같다.

1903년 1월 3일

어렵게, 정말 어렵게 어머니로부터 결혼 허락을 받아냈다. 밀레바는 기쁜 내색조차 하지 않는다. 진작 치렀어야 할 일을 이제야 하게 되었다는 듯 시큰둥하다. 하긴, 여자 나이 스물일곱이면 늦어도 너무 늦었다. 나를 만나지 않았다면 대학을 우수한 성적으로 졸업하고 학자로서 승승장구했을 텐데, 그녀는 나를 위해 평범한 주부의 길을 택했다. 그러므로 나는 밀레바에게 내가 그럴 만한 가치가 있는 남자임을 입증해야 한다. 똑똑한 인간들이 차고 넘치는 이 바닥에서 물리학자로 성공해야 한다. 그런데 나는 지금 학자와 거리가 먼 특허청 3급 심사원으로 주저앉아 있다. 클라이너 교수의 도움으로 박사 과정 학생 신분을 유지하고 있긴 하지만, 지금 나에게는 논문보다 먹고사는 게 더 중요하다. 이런 상황에서 과연 학위를 받을 수 있을까?

하루 업무를 오전 중에 끝내고 오랜만에 논문 몇 편을 읽었다. 막스 플랑크의 양자 가설은 흑체 복사 그래프를 이론적으로 꿰어 맞추기 위한 억지처럼 보이지만, 억지치고는 실험 데이터와 신기할 정도로 잘 들어맞는다. 빛이 양자 알갱이로 이루어져 있다면, 금속에 빛을 쪼였을 때 나타나는 현상도 결국은 당구공의 충돌로 이해할 수 있지 않을까? 이 논리를 이용하면 금속판에 빛을 쪼여서 전기를 흐르게 하는 광전 효과

1904년경 아인슈타인. '기적의 해'로 불리는 1905년의 논문들을 한창 준비 중이었다.

도 설명할 수 있을 것 같다.

빛의 매개체인 에테르 측정에 실패했다는 마이컬슨과 몰리. 원래 에테르는 다분히 작위적인 개념이었으므로 퇴출되어야 마땅하다. 로런츠와 피츠제럴드가 에테르를 어떻게든 살려보려고 이상한 좌표 변환식을 유도했는데, 수학적 과정에는 별 문제 없지만 움직이는 물체가 에테르 때문에 수축된다는 주장은 어불성설이다. 이 모든 것은 에테르 때문이 아니라 무언가 근본적인 기준의 부재不在로부터 기인한 현상인 것 같다. 대체 그게 무엇일까?

며칠 전에 이상한 꿈을 꿨다. 나의 첫사랑 마리와 내가 중력에서 해방되어 자유로운 우주 공간을 표류하는 꿈이었다. 마리와 나는 일정한 거리를 유지하다가 어느 순간부터 마리가 나를 향해 다가오기 시작했고, 나는 그녀를 향해 손을 뻗었다. 그런데 마리는 나를 이상한 표정으로 쳐다보며 몸을 피했고, 결국 나를 지나쳐 깊은 우주 공간 속으로 사라져버렸다.

처음에는 개꿈이라고 생각했는데, 지금 다시 생각해보니 무언가 이상하다. 내 손을 잡을 것도 아니면서 왜 내게 다가온 것일까? 8년 전에 겪었던 마리와의 심리전이 꿈속에서 재현된 것일까? 그때 나는 마리가 먼저 내게 관심을 가졌다가 학교 때문에 떨어져 살게 되자 마음이 변했다고 생각했다. 하지만 마리의 생각은 달랐지. 그녀는 내가 먼저 자기를 좋아했다며 나를 바람둥이라고 비난했다. 가만……. 꿈속의 상황을 마리의 입장에서 재현해보면 그게 더 그럴듯하지 않은가? 마리는 그 자리에 가만히 있었는데 내가 그녀를 향해 다가간다. 그녀는 둘 사이의 거리가 가까워지는 상황을 싫지 않은 마음으로 관망하다가, 거리가 너무 가까워지자 본능적으로 몸을 피한다. 그러나 나는 속도를 주체하지 못하고 마리를 지나쳐 깊은 우주공간으로 사라진다…….

벌어진 상황은 하나인데, 두 가지 설명이 모두 가능하다. 둘 중 어느 쪽이 옳은가? 마리와 나는 당사자이므로 당연히 자기주장만 늘어놓는다. 이런 경우에는 제3자의 관점이 더 정확할 수도 있다. 마리의 부친인 빈텔러 씨라면 이 상황을 어떻게 이해했을까? 아버지의 말을 하늘같이 믿고 따르던 딸이 어린 녀석과 어울리기 시작하더니, 서서히 아버지로부터 멀어져간다. 그 어린 녀석은 원래 자기 길을 가다가 딸을 만난 후부터 딸의 아버지보다 딸과 가까워지기 시작한다. 즉, 둘 다 빈텔러 씨로부터 멀어지면서 자기들끼리는 가까워지고 있다.

빈텔러 씨의 관점도 틀리지 않다. 그가 친구들과 만난 자리에서 우리 둘 사이의 관계를 이런 식으로 설명한다면, 딸자식이란 원래 그런 거라며 빈텔러 씨를 위로할 것이다. 여기에는 옳고 그름이 없다. 나의 관점과 마리의 관점, 빈텔러 씨의 관점, 또는 우리를 전혀 모르는 다른 사람의 관점 중 어느 쪽이 더 우월하고 옳은 관점인지 판단할 기준이 없기 때문이다. 만일 여기에 돈과 같은 이해관계가 얽혀서 법정 싸움으로 번진다면, 그래서 누구의 관점이 가장 사실에 가까운지 판결해야 하는 상황이 벌어진다면 판사가 어떻게든 결론을 내려줄 것이다. 그러나 그 결론 또한 판사라는 제3자의 관점일 뿐이다.

사람의 감정이 개입되면 문제가 너저분해진다. 그냥 꿈에서 봤던 '공간 상의 이동'만 놓고 생각해보자. 나의 관점에서는 마리가 내게 다가왔고, 마리의 관점에서는 내가 마리에게 다가갔다. 둘 다 "네가 먼저 나에게 다가왔다"고 주장하지만 피차 설득력이 없다. 이럴 땐 무엇을 증거로 들이대야 할까? 내가 마리에게 "네가 다가오는 동안 네 뒤에 있는 여러 개의 별들을 봤는데, 그들은 분명히 정지해 있었다. 따라서 네가 움직인 게 맞다"고 우긴다면, 마리는 "그 별들도 너와 함께 움직였다. 나는 분명히 제자리에 가만히 있었고, 너를 포함한 별들이 일제히 같은 빠르기로 나를 향해 다가온 거다"라며 반론을 제기할 수도 있다. 별이 움직였다고? 하긴 그렇다. 천체는 얼마든지 움직일 수 있다. 그리고 움직이는 물체는 '정지 상태와 움직이는 상태를 판별하는 기준'이 될 수 없다. 나와 마리에게 개인적인 감정을 가진 사람이 우리 둘의 관계를 정확하게 판단할 수 없는 것처럼.

1912년경 아인슈타인과 밀레바. 아인슈타인이 유명해지자 밀레바와의 관계가 소원해졌다.

그래도 여전히 나는 억울하다. 나는 정말 움직이지 않았다. 어떻게 해서든 이 사실을 입증해 보이고 싶다. 그렇다면 내게 필요한 건 우주 공간에서 "완전히, 절대적으로 정지해 있는 물체"이다. 그 물체에 대하여 내가 정지해 있었다면 마리가 내게 다가왔음이 자연스럽게 증명된다. 물론 그 반대로 '절대 정지 물체'에 대하여 내가 움직였다면, 나 역시 마리의 주장에 동의할 것이다. 이만하면 반론의 여지가 없다. 그런데 절대로 움직이지 않는 천체가 과연 존재할까? 그러고 보니 250년 전에 아이작 뉴턴도 나와 비슷한 고민을 했던 것 같다. 대학 시절에 읽었던 《프린키피아》에서, 뉴턴은 공간 자체가 모든 운동의 기준이라고 했다. 세상에! 지금 생각해보니 정말 무책임한 말이다. 공간이 기준이라니, 눈에 보이지도 않는 공간을 어떻게 기준으로 삼는단 말인가? 우리 눈에 보이는 것은 공간 자체가 아니라 '공간 속에 놓인 물체들'일 뿐이다. 만일 모든 물체들이 일시에 사라지고 광활한 우주에 공간과 나만 남는다면, 그

공간은 나에게 의미가 없을뿐더러 인지되지도 않을 것이다. 그리고 그 공간 자체가 절대적으로 정지해 있다고 믿을 만한 근거도 없지 않은가? 뉴턴이 공간을 운동의 기준으로 제시한 것은 필연적인 선택이 아니라, 그 외에 마땅한 대안이 없었기 때문이다.

뉴턴은 틀렸다. '물체의 진정한 운동 상태'를 알아낼 방법은 없다. 마리와 나, 둘 중 누가 먼저 상대방을 좋아했는지 판별할 수 없는 것처럼, 그리고 꿈속에서 누가 상대방에게 다가갔는지 알 수 없는 것처럼, 내 눈 앞에서 움직이는 물체가 '진짜, 완전히 정지해 있는 기준에 대해서 어떤 운동을 하고 있는지'는 알 길이 없다. 우리가 아는 한, 그런 기준은 존재하지 않으니까! 혹시 눈에 안 보이는 우주 저편에 절대적으로 정지해 있는 '기준 천체'가 있지 않을까? 우주 전체를 다 찾아볼 수는 없지만, 사실 그럴 필요도 없다. 누군가가 그런 천체를 찾았다고 주장한다면 그것을 입증하기 위해 다른 기준을 또 찾아야 하고, 그것을 찾으면 또 다른 기준을 찾아야 하고 ……. 이 과정은 끝없이 계속된다. 정말로 움직이지 않는 기준이 우주 어딘가에 존재한다 해도, 그 사실을 입증할 수 없다면 없는 거나 마찬가지다. 아니, 그냥 '없는 것'과 완전히 동일하다.

가만있자. 지금 뭔가 대단한 사실을 발견한 것 같다. 심증은 있는데 물증이 없으면 법정에서도 무죄가 선고되지 않던가? 나는 제자리에 가만히 있었고 마리가 내게 다가온 것이 분명한데, 그것을 입증할 방법이 없다면 나의 관점은 절대적 진리가 아니다. 그렇다고 해서 마리의 관점이 절대적으로 옳은 것도 아니다. 이런 경우에는 어떤 판결을 내려야 할까? 둘 다 틀렸다?

이건 아니다. 둘 다 틀리다면 어딘가에 맞는 관점이 존재한다는 뜻인데, 제3자의 관점을 아무리 들이대도 똑같은 반론을 제시할 수 있다. 따라서 운동에 관한 한 '절대적으로 옳은 관점'이란 존재하지 않는다. 그리고 다양한 관점들 중 "어느 쪽이 진실에 더 가깝고 어느 쪽이 진실과 동떨어져 있는지" 판단할 방법도 없다. 이런 상황에서 내릴 수 있는 결론은 단 하나뿐이다.

등속으로 움직이는 모든 관찰자들의 관점은(그 속도가 얼마든 간에) 똑같이 옳다. 아니, 옳아야만 한다. 왜냐하면 이들 사이의 차이를 알아낼 방법이 이 우주에 존재하지 않기 때문이다. 좋건 싫건, 우리는 이런 우주에 살고 있다.

싸구려 포도주를 너무 많이 마셨나? 머리가 아프다. 논리를 좀 더 진행시키면 무언가 쓸 만한 결과가 나올 것도 같은데, 머리가 따라주질 않는다. 내일 밀레바의 어머니를 만나기로 했는데, 그 앞에서 고개나 제대로 들 수 있을지 모르겠다.

1904년 5월 7일

출산일을 코앞에 두고 아내의 심기가 몹시 날카로워졌다. 우리의 첫 아이 리제가 어린 나이에 세상을 떠났기 때문에 더욱 불안할 것이다. 그래서 매사 신경질적이고 모든 대화에 감정이 실려 있다. 그렇다고 아예 대화를 단절할 수도 없으니, 이럴 때는 물리학 이야기를 나누는 것이 상책이다. 오늘 나는 결혼 전에 떠올렸던 아이디어에 대해서 밀레바와 대화를 나누다가 중요한 실마리를 찾았다. 밀레바는 물리학에서 손을 뗀 지 3년이 넘었음에도 불구하고, 그 날카롭던 통찰력은 아직 시들지 않은 것 같다.

M: 그만 자요. 내일 아침에 취리히로 출장 간다면서요.

A: 응, 근데 지금 머릿속이 아주 복잡해. 와인 남은 거 있나?

M: 제발 그 싸구려 시가 좀 그만 피워요. 냄새가 너무 역하단 말이에요.

A: 이번 승진 심사 통과하면 급여도 오를 테니, 그때 좋은 시가로 바꾸도록 하지.

M: 이 사람이……. 곧 아이가 태어날 텐데 그럴 여유가 어디 있어요? 당신 대체 아이 걱정을 하고 있긴 한 거예요?

A: 조심하는 건 좋지만, 앞당겨 걱정하면서 우울해할 필요는 없잖소? 헤르만 박사가 별일 없을 거라고 했으니 마음 편하게 먹고 기다려요. 틀림없이 당신 닮은 똑똑한 녀석이 나올 거야.

M: 이 서류들은 다 뭐예요? 요즘 논문 준비 한다더니, 이게 그건가요?

A: 별거 아냐. 운동의 상대성에 대해서 뭔가 아이디어가 떠올랐는데 정리가 안 되네.

M: 지난번에 말했던 그 주제로군요. 모든 관찰자의 관점이 똑같이 옳다는 그거 말이죠?

A: 응. '로런츠-피츠제럴드 좌표 변환식'을 내 방식으로 설명하고 싶은데, 무언가가 아직 빠진 것 같아. 변환식 자체가 의심스럽기도 하고.

M: 그건 그 사람들이 에테르 개념을 버리기 싫어서 억지로 꿰맞춘 거잖아요. 당신은 그 변환식이 맞다고 생각해요? 단순히 움직인다는 이유만으로 물체가 줄어든다는 게 말이 안 되잖아요.

A: 출발점은 틀렸지만 우연히 옳은 결론에 도달한 것 같아. 물체가 줄어드는 게 아니라 공간 자체가 줄어드는 건지도 모르지. 모든 관성계에서 빛의 속도가 일정하다는 건 변환식에 고려되어 있는데, 내 아이디어를 어떤 식으로 추가해야 할지 모르겠다고.

M: 모든 관찰자의 관점이 똑같이 옳다는 건 서로 간에 구별이 안 된다는 뜻이잖아요. 그렇죠?

A: 당연하지. 관성계에 있는 관찰자들은 모두 동일한 결과를 얻어야 한다는 게 내 생각이니까.

M: 동일하다는 게 무슨 뜻이죠? 그들이 측정한 물리량 자체가 같지는 않잖아요. 혹시 당신이 말하는 '결과'라는 게 물리학 법칙 자체를 말하는 건 아닌가요? 하나의 우주와 다른 우주를 구별하는 근본적인 차이는 물리학 법칙일 테니까요.

A: 그야 당연하…… 어? 당신 지금 뭐라고 했어?

M: 관성계에 있는 모든 관측자들한테는 물리학의 법칙이 모두 같아야 한다고요. 당신이 생각하는 상대성이 우주의 기본 원리라면 당연한 결과잖아요. 그래야 서로 간에 구별이 안 될 테니까. 이 사람이 술을 얼마나

1921년경 아인슈타인. 그는 상대성이론으로 물리학의 역사를 바꿨다.

많이 마셨길래……. 논문 생각은 내일 아침에 하고 빨리 자요.

그랬다. 과음을 하긴 했다. 그런데 아내의 말을 듣는 순간 술이 확 깨면서 긴 터널을 빠져 나온 듯 눈이 번쩍 뜨였다. 로런츠-피츠제럴드 좌표 변환식은 에테르에 의한 효과가 아니라 상대 운동의 결과였다. 우리의 우주에서는 빛의 속도가 누구에게나 일정하며, 절대적인 운동 기준이 없기 때문에 물리 법칙도 누구에게나 같아야 한다. 언뜻 듣기엔 당연한 소리 같지만 전혀 그렇지 않다. 우주에 절대적인 운동 기준이 존재했다면 물리 법칙은 사람마다 제각각이었을 거다.

느낌이 좋다. 하지만 아이디어를 좀 더 다듬어야겠다. 빛은 시간-공간과 불가분의 관계니까, 좌표 변환식을 잘 활용하면 시간과 공간의 관계도 수학적으로 해석할 수 있을 것 같다. 아내는 결정적인 한마디를 날려놓고 그냥 침대에 누워 잠들어버렸다. 그녀에겐 물리 법칙의 불변성보다 곧 태어날 아이의 건강이 훨씬 더 중요할 것이다. 하긴, 우리에겐 선택의 여지가 없다. 아내는 물리학과 육아를 둘 다 할 수 있지만 나는 할 줄 아는 게 물리학밖에 없으니까.

1905년 5월 15일

지난 10여 년 동안 나를 괴롭혀왔던 문제가 드디어 해결된 것 같다. 이 논문으로 학위를 받으면 클라이너 교수가 강사 자리 하나쯤 알선해주겠지. 5년 전 베버 교수한테 뒤통수를 너무 세게 맞아서 후유증이 아직도 남아 있지만, 그런 불운이 두 번 찾아올 확률은 거의 0에 가깝다고 본다. 꼭 그래야만 한다!

지난주에 베른 역에서 전차를 타고 귀가하다가 문득 치트글로게 시계탑이 눈에 들어왔다. 나를 태운 전차는 남쪽을 향해 달리고, 시계탑은 시야에서 점점 멀어졌다. 바로 그때, 갑자기 이상한 생각이 떠올랐다.

'전차가 빛의 속도로 달린다면 저 시계는 내 눈에 어떤 모습으로 보일까?'

시계에 반사된 빛이 전차를 따라잡지 못할 테니 시계는 정지된 것처럼 보일 것이다. 하지만 내가 차고 있는 고물 손목시계는 여전히 정상적으로 가고 있다. 그렇다면 결론은 하나다.

시간은 관측자의 운동 속도에 따라 얼마든지 달라질 수 있다!

정말로 그렇다. 시간은 범우주적 기준이 아니었던 것이다. 로런츠-피츠제럴드 좌표 변환식에 의하면 움직이는 물체의 길이는 줄어들고 시간은 느리게 흐른다. 왜? 그래야만 모든 관측자에게 빛의 속도가 똑같아 보이기 때문이다. 그러면 빛의 속도는 왜 누구에게나 똑같아야 하는가? 그건 나도 모르겠다.

우리의 우주가 원래 그런 곳이다. 저 너머에 빛의 속도가 사람마다 제각각인 또 하나의 우주가 존재할 수도 있겠지만, 내가 왜 하필 이런 우주에 태어나 이런 의문을 품게 되었는지는 나로서도 알 길이 없다. 신의 뜻이 정 그렇다면 따르는 수밖에.

그 후로 거의 일주일 동안 밤을 꼬박 새워가며 계산에 몰두했다. 그런데 결과가 기존의 물리학과 너무 달라서 조심스럽다. 처음 듣는 사람은 잘 모르겠지만, 사실 이것은 250년 동안 종교처럼 떠받들어왔던 뉴턴의 물리학에 작별을 고하는 논문이다. 시간과 공간은 하나의 좌표 세트로서 관측자의 운동 속도에 따라 좌표계가 특정 각도만큼 돌아가고, 그 결과 시간-공간은 마구 섞이게 된다. 누구에게는 시간이었던 것이 다른 누구에게는 공간이 되고, 그 반대도 마찬가지다. 이 모든 결과는 빛의 속도가 누구에게나 일정하다는 것과 물리학의 법칙이 누구에게나 똑같다는 두 개의 가정으로부터 유도된다.

오늘 저녁에 모든 계산을 마쳤다. 잠이 부족해서 머리가 돌지 않아 어딘가 실수를 범했을 가능성이 농후하다. 그래서 아내에게 논문을 건네며 검산을 해달라고 했더니, 아이가 감기에 걸렸다며 다른 사람에게 부탁하라고 한다. 하지만 끝까지 고집을 부려서 기어이 떠맡기는 데 성공했다. 학부 시절부터 수학 계산은 그녀를 따를 자가 없었으니까. 이제 좀 쉬어야겠다. 이만큼 했으면 쉴 자격이 있다.

1905년 5월 18일

한스의 열이 좀 진정되었는지, 오늘 아침 아내가 설거지를 하며 내 논문을 흘끔흘끔 읽고 있었다. 심혈을 기울인 논문을 건성으로 읽는 것 같아 내심 기분이 상했지만, 처음 알게 된 날부터 지금까지 논리적 사고에서 실수를 한 적이 단 한 번도 없으니 믿어보기로 했다.

특허청에 출근해서 친구 베소에게 약간 자랑을 했더니 "유명해져도 나를 잊지 말라"며 맥주를 사줬다. 왠지 앞으로는 일이 잘 풀릴 것 같다. 이런 느낌은 난생처음이니 아마 맞을 것이다.

밤늦게 집에 돌아와 보니 식탁 위에 내 논문이 어지럽게 흩어져 있고, 아내는 한스의 방에서 한스를 끌어안은 채 잠들어 있다. 나도 그냥 자려다가 궁금증이 발동해서 아내를 흔들어 깨웠다.

A: 여보, 나 왔어. 논문은 다 읽어본 거야?

M: 이제 왔어요? 의사 선생님이 그러시는데 한스가 성홍열이래요.

A: 그래? 많이 아프대?

M: 열은 내렸는데 나중에 후유증이 나타날 수도 있대요. 어떡하지? 이번 달 생활비도 다 떨어졌는데…….

할 말이 없었다. 더 물어볼 수도 없었다. 식탁 앞에 앉아 흩어진 논문을 물끄러미 바라보고 있는데, 아내가 초췌한 모습으로 나와 맞은편에 앉으며 말했다.

M: 틀린 부분을 펜으로 표시해놓았어요. 전부 일곱 군데가 틀렸더군요.

A: 그 정도면 양호하네. 훨씬 더 많이 틀렸을 줄 알았는데.

M: 그런데 이상해요. 틀린 부분을 수정해서 계산을 다시 해봤는데 당신 답이 맞더라고요. 어떻게 그럴 수 있죠?

A: 그야……. 결과가 어떻게 나올지 이미 알고 있었거든.

M: 이 논문을 정말 발표할 건가요?

A: 당연하지. 얼마나 심혈을 기울인 논문인데.

M: 전 바보가 아니에요. 이건 기존의 물리학을 송두리째 갈아엎는 반란이잖아요. 나이 드신 교수님들이 좋아하지 않을 거예요.

A: 클라이너 교수님한테 미리 언질을 줬으니까 괜찮을 거야.

M: 그래도 걱정돼요. 제목은 정했어요?

A: 생각해놓은 제목이 몇 개 있는데, 아직 결정을 못했어.

M: 튀지 않게, 아주 완곡한 제목을 택하세요. 상대성이니, 시공간이니, 그런 표현은 피하고 기존의 용어를 그대로 쓰는 게 좋을 거예요.

A: 그것 참! 그럼 어떤 제목이 좋을지 생각해봤어?

아내는 잠시 머뭇거리다가 논문 한 페이지를 뒤집었다. 거기에는 아내의 정갈한 필체로 다음과 같이 적혀 있었다.

움직이는 물체의 전기역학적 특성에 대하여

M: 저는 피곤해서 자야겠어요. 당신도 그만 주무세요. 그리고 내일 아침에 베소 씨한테 말해서 돈 좀 꿔 오세요. 아이가 아픈데 집에 돈 될 만한 물건이 하나도 없어요.

이 논문이 나의 삶을 바꾸진 못하겠지만, 하루빨리 그럴듯한 직장을 얻어서 아내의 걱정을 덜어주고 싶다. 아니, 집안에 돈 될 만한 물건을 하나라도 비치해두고 싶다. 설령 이 논문이 거절당한다 해도 나는 계속 논문을 쓸 것이다. 나의 가련한 아내와 아들 한스를 위해 최대한의 인내를 발휘할 것이다. 아버지께서도 생전에 말씀하시지 않았던가. 세상이 너를 알아줄 때까지 진득하게 기다리라고.

에필로그

한 인간의 삶이 한 해를 고비로 어찌 이토록 드라마틱하게 달라질 수 있을까? 이것은 역사학자들 사이에서도 커다란 미스터리로 남아 있다. 아인슈타인Albert Einstein, 1879~1955은 1905년 한 해에 빛의 양자인 광자에 대한 이론을 정립하고(광전 효과), 원자가 존재한다는 구체적 증거를 제시하고(브라운 운동), 뉴턴의 고전역학을 뒤엎는 특수상대성이론을 발표했다. 그리고 그해 말에 추가로 발표한 네 번째 논문에서는 인류 역사상 가장 유명한 방정식, $E=mc^2$을 유도했다.

그래서 과학 역사가들은 1905년을 '기적의 해Year of Miracle'라 부른다. 한 사람의 과학자가 한 해에 이토록 방대한 업적을 남긴 경우는 1666년의 아이작 뉴턴 이후로 처음이었다. 게다가 특수상대성이론이 더욱 극적이었던 것은 "빛의 속도가 일정한 우주에서는 관측자의 운동 상태에 따라 시간과 공간이 변한다"는 혁명적인 내용을 담고 있으면서도, '움직이는 물체의 전기역학적 특성에 대하여Zur Elektrodynamik bewegter Körper'라는 논문의 제목은 지나칠 정도로 겸손했다는 점이다. 엄청난 일을 해낸 천재의 여유였을까? 아니면 사회의 주류에 속하지 못한 낙오자의 패배의식이 작용한 것일까? 아무튼 아인슈타인이 있었기에 현대물리학은 1905년부터 새로운 위상으로 접어들게 된다.

만일 이것이 일회성 사건이었다면, 그래서 여생에 별다른 업적을 남기지 못했다면, 아인슈타인은 '젊은 시절에 뛰어난 업적을 남긴 천재' 중 한 사람으로만 남았을 것이다. 과학사를 뒤져보면 이런 천재들이 꽤 많이 있다. 그러나 아인슈타인은 반짝 천재와 스케일부터 다르다. 그는 특수상대성이론을 발표한 직후부터 '가속운동을 하는 물체에 적용되는 일반적인 상대성이론'을 10년 가까이 모색하던 끝에 1915년에 그 유명한 일반상대성이론을 발표하기에 이른다. 이 이론은 뉴턴의 중력법칙(만유인력 법칙)을 대신하는 새로운 중력 이론으로, 현대물리학과 천문학, 우주론 등이 여기에 뿌리를 두고 있다.

그 후로도 아인슈타인은 20세기에 새로운 대세로 떠오른 양자역학을 끝까지 거부하다가 'EPR 패러독스'라는 지독한 역설을 창출했고, 말년에는 모든 물리학 이론을 하나로 통일하는 '통일장이론Unified Field Theory'에 몰두했다. 게다가 노벨상의 영예까지 거머쥐었는데, 그에게 노벨상을 안겨준 것은 그 유명한 상대성이론이 아니라, 1905년에 발표한 광전효과에 관한 논문이었다.

그런데 아인슈타인의 연구 성향을 자세히 살펴보면 한 가지 특이한 점이 드러난다. 과학자가 하나의 이론으로 대박을 터뜨리면 그와 관련된 후속 연구에 필사적으로 매달려서 건질 수 있는 것을 몽땅 건지는 것이 상례인데, 이 점에서 아인슈타인은 완전히 예외였다. 그는 특수상대성이론을 발표하자마자 흥미를 잃었고(특수상대성이론의 수학적 체계를 구축한 사람은 취리히 대학교 시절 아인슈타인을 '게으른 개'라고 불렀던 헤르만 민코프스키 교수였다), 곧바로 일반상대성이론 연구로 넘어가 10년 만에 연구를 완성했다. 그러고는 또다시 곧바로 흥미를 잃고 통일장이론으로 관심을 돌렸다. 새로운 것에 대한 관심과 호기심이 너무 커서 그랬는지, 아니면 낡은 것에 싫증을 잘 내는 성격이었는지는 확실치 않지만, 평생 동안 여자관계에서도 이런 성향이 두드러지게 나타난 것을 보면,

그에게는 '초지일관初志一貫'보다 '송구영신送舊迎新'이 더 중요한 덕목이었던 것 같다.

아인슈타인과 밀레바Милева Марић, 1875~1948의 결혼은 결국 실패로 막을 내렸다. 아인슈타인이 과학계에서 승승장구하는 동안 두 사람의 부부 관계는 돌이킬 수 없을 정도로 멀어졌다. 후대 사람들은 그 무렵에 오갔던 편지나 일기를 근거로 다양한 원인을 제시하고 있지만, "부부 사이의 일은 당사자들밖에 모른다"는 격언은 이들에게도 적용될 것이다. 다만, 당시에는 거의 모든 여행이 비행기가 아닌 기차나 배로 이루어졌으므로 집 밖에서 보낸 시간이 압도적으로 많았을 것이고, '송구영신 정신'에 투철했던 아인슈타인이라면 당연한 결과일 수도 있겠다.

아인슈타인은 33세였던 1912년(결혼 9년차)에 베를린을 방문했다. 그때 자신과 복잡한 친척 관계에 있는 엘자 뢰벤탈을 만나게 된다. 그녀의 어머니는 아인슈타인의 어머니와 친자매였으니, 우리 식으로 따지면 이종사촌 간이었다. 그런데 엘자의 할아버지와 아인슈타인의 할아버지가 친형제였으니, 육촌지간이기도 했다(한 집안의 가계도에서 이런 식으로 지름길이 생기면 촌수를 헤아리는 것은 의미가 없다!). 두 사람은 어린 시절에 종종 만나서 유쾌한 대화를 나누고 악기 연주를 함께하는 등 상대방에 대해 좋은 감정을 품고 있었지만, 성인이 된 후에는 다른 감정이 싹트고 있었다. 게다가 엘자는 아인슈타인보다 네 살 연상! 연상의 여인을 좋아하는 그의 성향은 여기서도 유감없이 발휘되었다.

1914년에 아인슈타인은 베를린 대학교의 러브 콜을 받고 직장을 옮기기로 마음먹었다가 밀레바의 격렬한 반대에 부딪힌다. 두 사람이 서로 상대방의 속내를 알고 있었는지는 확실치 않다. 아마도 아인슈타인은 교수 자리보다 엘자와 가까운 곳에 살고 싶어서 베를린행을 고집했던 것 같다. 결국 밀레바는 남편의 고집을 꺾지 못하고 베를린으로 이주했다가 1915년 말에 두 아이를 데리고 취리히로 가버린다. 두 사람의 실질적인 부부 관계는 이것으로 끝이었다.

일반상대성이론을 완성한 지 2년 후인 1917년부터 아인슈타인은 심각한 위궤양에 시달리면서 두 달 만에 체중이 25킬로그램이나 빠졌다. 이때 엘자가 아인슈타인을 지극정성으로 간호하면서 둘 사이가 급속도로 가까워졌고, 드디어 1919년 6월에 둘은 정식 부부가 되었다. 밀레바와 달리 부유한 중산층 집안의 딸이었던 엘자는 몸과 마음이 모두 후줄근했던 아인슈타인에게 상류 사회의 옷차림과 매너를 가르쳤다. 아인슈타인이 명성에 걸맞은 매너를 갖추게 된 데에는 엘자의 역할이 지배적이었다는 것이 학계의 중론이다.

밀레바의 사진을 보고 있자니 나이에 비해 다소 늙은 모습이 마음에 걸린다. 그녀는 젊은 시절부터 수학, 언어학, 음악, 미술 등에 탁월한 재능을 보인 인재였으나 외모에는 아무런 관심이 없었다. '남자 때문에 꿈을 펼치지 못하고 불행하게 살았던 똑똑한 여자'는 밀레바가 처음도 아니고 마지막도 아닐 것이다. 그래도 평생 천재 소리를 듣고 살아왔을 젊은 여인이 남자 집안의 결혼 반대, 원치 않은 임신, 졸업 시험 낙방, 연구 중단, 결혼 후 곧바로 닥쳐온 가난, 첫아이의 병사(추정), 남편의 외도, 이혼, 아들의 정신병 등을 겪었다고 생각하니 연민의 정이 절로 솟구친다. 개인적인 의견이지만, 밀레바에게 아인슈타인은 최악의 남편이었던 것 같다.

한 가지 더! 아인슈타인과 밀레바 사이에 태어난 둘째 아들 에두아르트는 스무 살 때 연상의 여인을 깊이 사랑했다가 실연한 후 평생을 정신병원에서 살았다. 아인슈타인은 아들의 정신 분열증을 밀레바 집안의 유전자 탓으로 돌렸다. 글쎄, 과연 그럴까? 한 가지 일에 집착하는 성향은 어머니를 닮았지만, 연상의 여인에게 목매는 것은 아무리 생각해도 아버지로부터 물려받은 기질인 것 같다. 물론 이것도 필자의 개인적인 생각이다.

참고 문헌

• John Rigden, *Einstein 1905: The Standard of Greatness*, Harvard University Press, 2005.
• 홍성욱, 이상욱 외, 《뉴턴과 아인슈타인 – 우리가 몰랐던 천재들의 창조성》, 창비, 2004.

Scientists In Love

이 모든 것들이 우리가 훌륭한 친구가 될 것이라는 점을 알려주고 있습니다.
하지만 당신이 1년 후에 프랑스를 떠난다면 서로 다시는 볼 수 없는 관계가 되어
이 우정은 실로 너무나 플라토닉한 관계가 되고 말 겁니다.
나와 함께 여기서 지내는 게 더 낫지 않겠습니까?

chapter

02

프랑스와 폴란드가 사랑한 과학자

마리 퀴리 & 피에르 퀴리

박민아

글쓴이 **박민아**

서울대학교 과학사 및 과학철학 협동 과정에서 박사학위를 받고 한양대학교, 서울대학교에서 강의를 하고 있다.
《퀴리&마이트너: 마녀들의 연금술 이야기》를 쓰고 마리 퀴리의 박사 논문《방사성 물질》을 번역했다.

신분 차이로 좌절된 첫사랑

시골 부잣집에 가정 교사로 들어간 젊은 아가씨가 그 집 아들과 사랑에 빠진다. 남자의 부모는 가난하고 별 볼 것 없는 여자를 반대한다. 가난하지만 지적이고 자존심 강한 여자는 상처를 받는다. 남자는 변치 않는 사랑을 맹세하지만 여자는 흔들린다. 이 사랑의 결말은 어떻게 될까?

가난한 여자와 부유한 남자의 사랑 이야기는 드라마에 흔히 넘쳐나는 진부한 이야기다. 드라마의 전형적인 결말을 따른다면, 온갖 시련을 이겨내고 그들의 사랑은 해피 엔딩을 맞이하면서 또 한 명의 신데렐라가 나와야 할 것 같다. 하지만, 마리 퀴리의 첫사랑의 결말은 매우 현실적이었다.

마리 퀴리, 아니 아직 결혼 전 이름인 마리아 스크워도프스카Maria Salomea Skłodowska, 1867-1934가 고향인 바르샤바를 떠나 시골 부잣집에 가정 교사로 가게 된 것은 파리로 유학 간 언니의 학비를 벌기 위해서였다. 지식인이었던 부모님의 영향으로 마리아와 형제자매들은 배움에 대한 열망이 강했지만, 당시 폴란드의 상황이나 집안의 상황은 여의치가 않았다. 당시 폴란드에서는 여성이 대학에 갈 수 없었고, 그렇다고 해외로 유학을 보낼 만큼 집안 사정이 넉넉지도 않았다. 그래도 마리아와 두 살 위의 언니 브로니아는 포기하지 않고, 스스로 길을 찾았다. 언니 브로냐가 먼저 파리로 가서 공부를 하고 그동안 마리아가 학비를 도와주면, 언니가 공부를 마치는 대로 마리아의 공부를 뒷바라지하기로 했다. 언니가 파리로 떠난 후, 마리아는 언니의 학비를 모으기 위해 입주 가정 교사 일을 시작했다.

열여덟 살의 마리아가 폴란드 북부의 작은 마을인 스츠키Szczuki의 조라프스키Zorawski 집안에서 입주 가정 교사를 하게 된 것도 그 때문이었다. 큰 농장의 관리인이었던 조라프스키 부부는 일곱 명의 자녀를 두었는데, 그중 세 아들을 바르샤바로 보내 공부를 시키고 있었다. 마리아는 스츠키에 남아 있는 조라프스키 부부의 네 딸 중에 자신과 동갑인 첫째 딸과 열 살배기 둘째 딸에게 공부를 가르쳤다. 첫째 딸과 세 시간, 둘째 딸과 네 시간, 하루 일곱 시간을 가정 교사 일에 쏟았다.

바르샤바에서 기차를 타고 가서 또 다섯 시간을 마차를 타고 도착한 스츠키 마을과 조라프스키 가문의 첫인상은 나쁘지 않았다. 사촌 언니에게 쓴 편지에서 마리아는 조라프스키 부부의 인상을 다음과 같이 전했다. "조라프스키 집안 사람들은 그래도 세련된 것 같아. 조라프스키 씨는 좀 구식이지만 분별 있는 사람인 것 같고, 호의적이고 합리적이야.

1890년경 마리아 스크워도프스카의 가족사진. 어린 시절 마리아(왼쪽 첫 번째)는 대학에 갈 돈을 마련하기 위해 가정 교사를 했다.

부인은 조라프스키 씨보다는 함께 지내기가 좀 어렵지만, 자기를 어떻게 대해야 하는지 아는 사람에게는 꽤 친절해."

마리아는 동갑내기 첫째 딸 브론카와도 좋은 관계를 유지했다. "분별력 있고 인생을 이해할 줄 아는", 이 시골에 흔치 않은 보석 같은 존재인 첫째 딸을 "나의 브론카"라고 부르며 각별한 애정을 쏟았다. 마리아는 브론카와 함께 농부의 아이들에게 폴란드어를 가르쳐주기도 했다. 당시 제정 러시아 치하의 폴란드에서는 학교에서 폴란드어 교육이 금지되어 있었다. 학교에서 배우는 러시아어는 배워봤자 쓸모가 없고, 폴란드어는 가르쳐주는 곳이 없어서 농부의 아이들 중에는 문맹이 많았다. 마리아는 적게는 네댓 명, 많게는 십여 명의 아이들에게 하루 두 시간씩 폴란드어를 가르치며, 작은 시골 마을에서의 삶의 의미를 찾았다.

하지만 호의적이었던 첫인상에도 불구하고, 가정 교사로서의 생활이 순조롭지만은 않았다. 자존감 강한 마리아에게 가정 교사라는 자리가 지닌 이중적인 지위는 조화롭게 유지되기 힘든 것이었을지도 모른다. 가정 교사는 그 집안의 아이들을 교육한다는 점에서 하녀나 요리사 같은 고용인들에 비해 권위를 지녔지만, 돈을 받는 고용인이라는 점에서 주인집 가족에게 그에 맞는 예의와 복종을 표해야 했다. 권위와 복종 사이에서 미묘한 균형을 잡는 일이 자아가 강한 마리아에게는 쉬운 일이 아니었다.

안타깝게도 마리아의 첫사랑은 이런 그녀의 처지를 더욱 분명하게 각인시키는 일이 되어버렸다. 마리아가 사랑에 빠진 상대는 바르샤바 대학에 다니고 있던 조라프스키가의 맏아들 카지미에시 조라프스키였다. 방학을 맞아 고향에 내려온 카지미에시는 마리아와 사랑에 빠졌다. 워낙 두 사람의 사랑에 대해 자세히 알려진 바가 없어 서로가 어떤 점에 끌렸는지 알 수는 없지만, 카지미에시가 후에 폴란드의 유명한 수학자가 되었다는 점을 생각해보면 과학과 수학에 대한 공통의 관심도 그중 하나였을지 모르겠다. 하지만 그보다는 기대하지 않았던 곳에서 지적인 대화 상대를 만나게 된 것에 대한 반가움과 설렘, 바르샤바에 대한 공통의 기억 등이 젊은 두 남녀의 대화를 이끌었을 것 같다. 두 사람은 결혼까지 약속했고, 스츠키 마을에도, 또 멀리 바르샤바까지도 마리아가 결혼할지도 모른다는 소문이 전해졌다.

부잣집 아들과 가난한 집 딸의 사랑이라는 전형적인 소재에 걸맞게,

조라프스키 부부는 이들의 사랑을 반대했다. 마리아의 집안이 너무 가난하고 신분이 낮다는 것이 이유였다. 부부는 둘의 사랑을 반대했지만, 그렇다고 마리아를 내보내지는 않았다. 아마도 그들의 눈에 큰아들의 사랑은 남자들이 젊은 시절에 겪기 마련인 치기 어린 사랑쯤으로 보였던 모양이다. 방학이 끝나면 철부지들의 사랑도 금방 식어버릴 거라고 생각했는지도 모르겠다. 카지미에시는 부모의 반대에 쉽게 꺾였고, 그 뒤로 마리아와 다시 사랑에 빠지기도 했지만 그 관계가 오래 지속되지는 못했다.

첫사랑으로 인해 안 그래도 적응하기 어려웠던 마리아의 가정 교사 생활은 더욱 비참해졌다. 무시당하면서도 그만두지도 못하는 비참한 현실에 지쳐 그녀의 의지는 약해졌다. 우표를 살 돈도 없는 처지를 슬퍼하기도 하고, 파리에서 소식을 전하지 않는 브로니아 언니를 원망하기도 하며 시간을 보냈다. 마침내 브로니아 언니에게서 파리로 공부하러 오라는 연락이 왔지만, 그녀는 가고 싶지 않다고, 이곳에서 아버지와 함께 지내고 싶다고 답장을 보냈다. 유학에 대한 의지를 꺾어놓을 만큼, 첫사랑의 상처는 컸다. 마리아의 첫사랑은 그녀의 비참한 처지를 자각하게 만들었을 뿐 힘들었던 가정 교사의 삶에 힘이 되어주지 못했다.

어쩌면 그런 좌절이 없었다면 여성 과학자 마리 퀴리는 존재하지 않았을 수도 있다. 카지미에시와의 행복한 미래가 있었다면 파리 유학도, 피에르 퀴리와의 만남도 없었을지 모른다. 마리아가 계속 폴란드에 남아 있었다면, 방사능도, 폴로늄도, 라듐도 꽤 오랜 세월이 흐른 뒤에나 우리에게 그 존재를 드러냈을 수도 있다. 이 모든 점에서, 마리아에게는 미안한 일이지만, 우리는 우유부단했던 카지미에시에게 감사를 해야 할지도 모르겠다.

두 이상주의자의 만남

마리아가 피에르 퀴리Pierre Curie, 1859~1906를 만난 것은 1894년 봄이었다. 그해 마리아는 파리에서의 유학 생활을 성공적으로 이어가고 있었다. 1891년 소르본 대학교에 입학한 후 몇 년간 고된 유학 생활을 버텨온 노력들이 드디어 결실을 맺기 시작했다. 피에르 퀴리를 만나기 바로 전해에는 과학 학사 자격시험licence ès sciences을 수석으로 통과했고, 폴란드 유학생들에게 주는 '알렉산드로비치 장학금'을 받아서 공부를 계속 이어나갈 수 있었다. 1894년 봄, 마리아는 두 번째 학사학위를 받기 위해 수학 학사 자격시험licence ès mathématiques을 준비했고, 프랑스의 전국산업진흥협회의 의뢰를 받아 다양한 금속의 자기적 특성을 조사하는 연구에 착수했다.

피에르 퀴리와의 인연은 이 연구에서 시작되었다. 당시 마리아는 실험을 할 만한 공간이 충분치 않았다. 마침 파리로 신혼여행을 온 폴란드 물리학자 조제프 코발스키와 그의 부인을 만난 자리에서 마리아는 실험실 공간이 좁다고 불평을 늘어놓았다. 이 얘기를 들은 조제프 코발스키는 마침 비슷한 주제로 연구를 하고 있던 피에르 퀴리가 생각났고, 그의

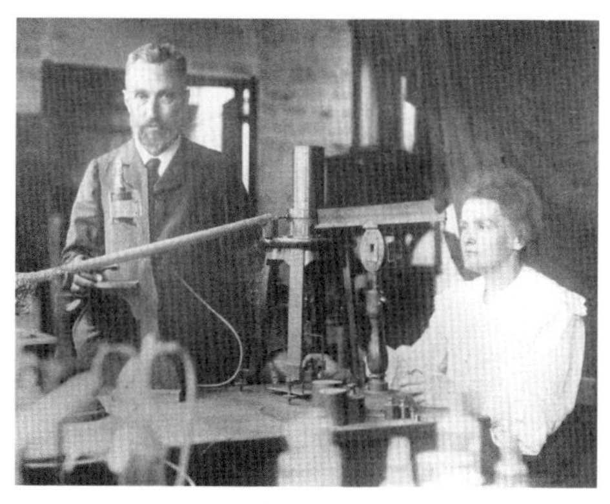

연구소에 있는 마리 퀴리와 피에르 퀴리. 마리에게 피에르는 성실 그 자체였다.

주선으로 두 사람의 첫 만남이 이루어졌다.

훗날 회고에 따르면 마리아는 피에르 퀴리를 처음 봤을 때부터 좋은 인상을 받았다. 그 당시 피에르는 35세였지만 꽤 젊어 보였다. 마리아는 그의 얼굴에 나타난 솔직한 표정에 놀랐고 살짝 거리를 두는 듯한 그의 태도에 놀랐다. 약간 느리면서 신중한 그의 말투, 소박함, 진지하면서도 젊음이 넘치는 미소는 믿음직스러워 보였다.

마리아가 받은 첫인상은 피에르 퀴리라는 사람의 인간성을 제대로 포착한, 꽤 정확한 것이었다. 솔직함, 신중함, 소박함 같은 단어들은 피에르 퀴리의 평범치 않은 매력을 잘 표현해주는 말들이었다.

피에르 퀴리는 당시 프랑스의 전형적인 과학자들과 비교해볼 때, 독특한 이력을 지니고 있었다. 당시 프랑스에서 과학자가 되려는 사람들은 대부분 그랑제콜 출신으로, 에콜 폴리테크닉 같은 엘리트 학교를 졸업했다. 이런 엘리트 학교의 인맥은 훗날 과학자가 파리 과학아카데미에 들어가거나 과학계에서 중요한 직책을 맡게 될 때 강력한 힘을 발휘했다.

피에르 퀴리의 이력은 이런 전형적인 엘리트 코스와는 거리가 멀었다. 피에르 퀴리의 부모는 배움이 느리고 하나에 집중하면 다른 것에는 관심을 두지 않는 둘째 아들을 학교에 보내지 않았다. 대신 부모는 아들이 집에서 공부할 수 있도록 배려해주었다. 피에르는 16세 때 소르본 대학에 들어가기 전까지 집에서 형 자크와 함께 공부했고, 그 덕에 문학이나 고전 대신 좋아하는 자연과학만 집중적으로 공부할 수 있었다. 이런 자유로운 부모를 만난 것은 피에르 퀴리에겐 큰 행운이었다. 만약 피에르 퀴리의 부모가 세속적인 성공이나 출세를 바라면서 아들을 엘리트 코스로 보냈다면, 배움이 느리고 야무지지도 못했던 피에르 퀴리는 낙오를 했을지도 모른다. 부모가 자녀를 올바로 이해하고 자녀가 자기의 페이스에 맞게 발전할 수 있도록 배려해준 것이 피에르 퀴리의 성공에 중요한 밑거름이 되었다.

마리아에게 피에르 퀴리가 첫사랑이 아니듯이, 피에르 퀴리에게도 마리아는 첫사랑이 아니었다. 스무 살 무렵 그는 한 여자를 사랑했으나, 그 여자는 세상을 떠나고 말았다. 그 일로 크게 상처를 입은 이 내성적인 청년은 이제 다시는 누군가와 함께하는 삶을 꿈꾸지 못할 것이리 단정 지으며 과학 연구에만 매진했다. 그런 그의 앞에 폴란드 출신의 영민하고 야무진, 과학을 공부하는 아가씨가 등장한 것이다.

아마도 두 사람은 처음부터 서로에게 끌렸을 가능성이 크다. 두 사람 모두 이상적이며 진보적인 성향이 강하다는 점은 두 사람을 쉽게 가깝게 만들어주었을 것이다. 특히 피에르 퀴리 쪽에서 마리아가 더욱 남달랐을 듯하다. 당시로서는 드물게 과학을 연구하는 여성이 그에게는 무척 신선하게 다가왔을 것이다.

피에르 퀴리의 진보적인 성향은 집안의 유전자에 각인된 것이었다. 의사였던 조부와 역시 의사였던 아버지는 19세기 프랑스의 정치적 격동기를 살아오면서 진보적인 정치 성향을 지니고 있었다. 그들은 몸소 행동하는 것도 마다하지 않았다. 일례로 아버지 외젠 퀴리Eugène Curie, 1827~1910는 1871년 파리 코뮌이 벌어지는 동안 집에 진료소를 차려놓고 부상당한 시민들을 치료하기도 했다. 이런 아버지를 통해 피에르 퀴리는 때로 손해를 보더라도 신념에 따른 행동을 포기하지 말 것을, 그리고 개인의 이익이 아니라 사회와 인류의 이익을 위해 일해야 한다는 것을 배웠다.

이는 마리아의 경우도 마찬가지였다. 그들이 처해 있던 정치적 상황은 달랐지만, 마리아의 아버지도 신념을 위해 불이익을 감수하는 것을 두려워하지 않았던 사람이었다. 러시아 치하의 폴란드에서 마리아의 아버지는 조국 폴란드를 위한 열정을 숨기지 않았고, 이로 인해 김나지움 교사 자리에서 쫓겨나기까지 했다. 그러나 그녀의 아버지는 이를 후회하지 않았고 자식들에게도 조국의 발전에 힘쓸 것을 당부했다.

이렇게 비슷한 가치관을 지닌 채 같은 주제를 연구한 두 사람은 빠르게 가까워졌다. 첫사랑이 죽은 후 사랑하는 사람과 함께하는 삶을 꿈꾸지 않았던 피에르는 이제 다시 꿈꾸기 시작했다. 자신의 세속적인 성공에는 관심도 없던 피에르 퀴리는 마리아의 수학 학사 자격시험 성적을 챙기게 되었고, 마리아와 같은 꿈을 꾸며 살아가는 아름다운 삶에 대한 편지를 보내기도 했다.

> 감히 바랄 수도 없겠지만, 서로 가까이에서 우리의 꿈에 젖은 채 생을 함께 살아갈 수 있다면 그건 정말 아름다운 일일 겁니다. 당신이 품은 애국자의 꿈, 우리의 인도주의적인 꿈, 그리고 우리가 지닌 과학의 꿈. 이 모든 꿈 중에서 마지막 꿈이 가장 적당한 꿈이라는 생각이 듭니다. 우리는 사회의 상황을 변화시킬 만큼 힘이 있지도 않고, 또 사회를 위해 무엇을 해야 하는지도 잘 모르니까요. 어떤 한 방향으로 행동을 취하는 것이 불가피한 진보에 방해가 되지 않는다고, 득이 되기보다는 해가 되는 일을 하는 것은 아니라고 확신할 수도 없습니다. 반면에 과학적인 면에서 보면, 우리는 무언가를 달성할 거라 기대할 수 있습니다. 이 영역은 더 확실하고, 모든 발견은 그것이 아무리 작은 것일지라도, 살아남을 것입니다.

폴란드에서의 가슴 아픈 첫사랑 이후 공부에 모든 것을 걸었던 마리아도 새로운 사랑에 가슴이 떨렸다. 하지만 두 사람의 사랑 앞에는 넘어야 할 거대한 산이 놓여 있었다. 처음 프랑스에 유학을 올 때부터 마리아는 공부를 마치면 다시 폴란드에 돌아간다는 계획을 세우고 있었다. 프랑스에서 배운 것을 폴란드를 위해, 폴란드 사람들을 위해 써야 한다는 강한 신념을 품고 있었던 것이다. 막내딸로서 아버지를 모시고 살아야겠다는 생각 또한 폴란드로 다시 돌아가겠다는 결심을 굳게 하는 데 중요하게 작용했다.

피에르 퀴리는 마리아가 폴란드로 돌아가게 될까 전전긍긍했다. 잠시 마리아가 폴란드로 휴가를 떠난 사이, 피에르는 내성적인 그답지 않게 마리아를 만나러 가겠다고 용기를 내 편지를 보냈다. 마리아는 아버지와 함께 스위스로 휴가를 떠날 예정이니, 스위스에서 만나자는 답장을 보냈다. 하지만 막상 마리아를 만나러 갈 수 있게 되자, 피에르는 주저했다. 그는 마리아에게 스위스로 가지 않는 게 좋겠다는 답장을 다시 보냈다. 마리아의 편지 행간에서 피에르가 오는 것을 불편하게 여기는 마리아의 마음이 느껴졌고, 마리아의 아버지가 피에르를 만나면 불편해할지 모른다는 것이 피에르가 댄 이유였다. '내가 겁이 나서가 아니라 당신과 당신의 아버지가 불편할 것 같아서!'라는 답답한 변명에도 마리아가 피에르에 대한 사랑의 끈을 놓지 않았던 것을 보면 마리아의 사랑도 피에르만큼이나 컸던 것 같다.

피에르는 마리아를 만나러 스위스로 가는 대신 형과 함께 여행을 다녀왔다. 그 여행에서 용기를 충전한 피에르는 다시 마리아에게 적극적인 구애를 했다. 파리에서 마리아와 함께 지낼 아파트를 보러 다니기도 하고, 그동안 별 관심도 없었던 박사학위를 받을 준비까지 하며 마리아와의 미래를 준비했다. 그리고 마리아를 설득하는 편지도 보냈다.

퀴리 부부와 딸 이렌느. 딸 또한 부모와 같은 핵물리학자가 되었다.

이 모든 것들이 우리가 훌륭한 친구가 될 것이라는 점을 알려주고 있습니다. 하지만 당신이 1년 후에 프랑스를 떠난다면 다시는 서로 볼 수 없는 관계가 되어 이 우정은 실로 너무나 플라토닉한 관계가 되고 말 겁니다. 나와 함께 여기서 지내는 게 더 낫지 않겠습니까? 이렇게 묻는 게 당신을 화나게 할 수도 있으니 더 말하지는 않겠습니다. 모든 면에서 나는 그만큼 가치 있는 사람이 아닌 것 같다는 생각이 드니까요.

여전히 자신감이 부족한 편지였지만, 마리아는 피에르에게, 파리에서의 삶에, 프랑스인으로 살아가는 것에 대해 마음이 흔들렸다. 하지만 피에르와의 결혼은 가족과 조국과 사랑하는 사람들에 대한 배신으로 여겨져서 마리아는 쉽게 결정을 내리지 못했다. 절친한 친구가 독일인과 약혼했다는 소식을 듣고 섭섭해했던 그녀가 프랑스인과의 결혼이라니! 마리아의 갈등을 눈치챈 오빠는 다음과 같은 편지로 마리아를 격려했다.

네 마음을 따르는 게 맞다고 생각해. 누구도 네 선택에 대해 널 비난할 수는 없어. …… 내가 아는 너는 영혼 가득히 폴란드인으로 남아 있을 거야.

1895년 7월 26일, 폴란드인 마리아 스크워도프스카는 프랑스인 피에르 퀴리와 결혼했다. 두 사람의 결혼식은 신랑 피에르의 가족들이 사는 파리 남부의 교외 소Sceaux의 시청 마당에서 간소하게 치러졌다. 새하얀 웨딩드레스도 없이 직접 만든 감색 정장에 하늘색 블라우스를 차려 입은 신부는 바르샤바에서 온 아버지와 오빠, 파리에서 온 언니 부부의 축하를 받았다.

결혼식만큼이나 신혼여행도 소박했다. 가까운 친척에게 돈을 빌려 두 사람은 자전거를 두 대 준비했다. 결혼식 파티가 끝나자 둘은 자전거를 타고 신혼여행길에 올랐다.

남편의 그늘에 가리지 않도록

피에르 퀴리와 함께한 10여 년은 그녀의 인생에서 가장 생산적인 시기였다. 그녀는 7년 터울로 두 딸 이렌느Irene Curie, 1897~1956와 이브Ève Curie, 1904~2007를 낳았고, 그녀의 이름을 후대에 남게 한 폴로늄과 라듐 두 방사성 원소를 발견했다. 그 행복한 순간을 피에르 퀴리와 함께했다.

폴로늄과 라듐 발견으로 이어진 방사능 연구는 부부의 합작품이었다. 마리 퀴리의 박사 논문으로 시작된 이 연구는 피에르 퀴리의 제안으로 시작됐다. 당시 물리학계는 뢴트겐의 X선 발견 이후 미지의 광선에 대한 관심이 컸다. 그중 하나로 파리에서는 물리학자 앙리 베크렐Henri Becquerel, 1852~1908이 우라늄 광석에서 나오는, 사진판을 감광시키는 광선에 대한 연구를 해나가고 있었다. 피에르는 마리에게 우라늄 광석 이외의 광물에서도 베크렐이 발견한 광선(베크렐선)이 나오는지 조사해보면 어떻겠냐고 제안했다.

이렇게 시작된 연구는 예상치 못했던 보물 창고를 여는 결과를 가져왔다. 베크렐선이 나오는 광물 목록을 몇 개 더 채우는 데 그친 것이 아니라, 베크렐선보다 더 강력한 광선을 발견하고 그런 광선을 내놓는 새로운 원소까지 찾아내는 연구로 이어지게 된 것이다.

엄청난 광맥을 건드린 것을 깨닫게 되자 피에르 퀴리는 하던 연구를 중단하고 마리 퀴리의 연구에 합류했다. 마리 퀴리의 연구의 곳곳에서 피에르 퀴리는 단순한 조력자나 조언자 이상의 역할을 했다. 우선 그는 이 연구팀에 방사능 세기를 정밀하게 측정할 수 있는 도구를 가져다주었다. 그것은 바로 수정 압전 검전기인데, 이는 피에르가 형과 압전 현상(결정에 압력을 가했을 때 그로 인해 결정에 전기가 흐르는 현상)을 연구하면서 개발했던 도구였다. 수정 압전 검전기는 미세한 전류의 흐름을 측정하기에 효과적이었다. 마리 퀴리와 피에르 퀴리는 우라늄을 비롯한 여러 광물에서 방출되는 미지의 광선이 주변의 공기를 대전시킨다는 점을 알고 있었다. 이때 흐르는 미세한 전류를 수정 압전 검전기로 측정함으로써 마리 퀴리와 피에르 퀴리는 우라늄 이외에 다른 광물에서도 미지의 광선이 방출된다는 것을 알아낼 수 있었으며, 그 광선의 상대적인 세기까지도 비교할 수 있었다.

1898년, 서너 달 간격으로 마리 퀴리와 피에르 퀴리는 두 편의 논문을 발표했다. 첫 번째 논문에서 그들은 우라늄을 추출하고 남은 피치블렌드에서 우라늄보다 더 강력한 광선을 방출하는 물질을 발견했다고 보고했다. 퀴리 부부는 이 물질이 기존에 알려진 화학 원소와는 다른 새로운 화학 원소라고 확신했다. 마리 퀴리의 고국 폴란드의 이름을 따서 이 새로운 원소에는 폴로늄이라는 이름이 붙여졌다.

몇 달 후 나온 두 번째 논문은 또 다른 새로운 원소의 발견을 보고했다. 이 원소는 우라늄보다도 훨씬 더 강력한 광선을 방출하고 고유의 스펙트럼선을 보였다. 그렇게 강력한 광선을 방출한다는 의미에서 새로운 원소에는 라듐이라는 이름이 붙여졌다. 이제 베크렐이 발견한 우라늄에서 나오는 광선은 우라늄만의 고유한 광선이 아니라는 점이 분명해졌다. 그 광선은 우라늄 이외의 물질에서도 방출되며, 그 종류도 하나가 아니라 여러 개로 구성되어 있는 것처럼 보였다. 퀴리 부부는 이 물질들이 광선들을 방출하는 것에 대해 방사능radioactivity이라는 이름을 붙이고, 거기서 나오는 광선들에 대해 방사선radioactive rays이라는 이름을 붙였다. 이로써, 우라늄과 베크렐선에 국한되어 있던 현상이 방사능과 방사선이라는 이름을 통해 보편성을 얻게 되었다.

두 편의 논문은 마리 퀴리의 박사 논문 주제로 시작된 연구가 어떤 문제들을 담고 있는지를 잘 보여주었다. 크게 볼 때, 이 연구는 두 종류의 문제로 나눌 수 있었다. 첫 번째는 방사능을 띠는 새로운 원소의 발견! 이미 두 편의 논문에서 마리 퀴리와 피에르 퀴리는 방사능의 특징을 통해 폴로늄과 라듐이라는 두 종류의 새로운 방사능 원소를 발견했다고 주장했다. 하지만 방사선 자체가 아직 그 정체가 규명되지 않은 상황에서 방사선과 방사능이라는 특징을 이용해 새 원소를 발견했다고 주장한다면 원소의 발견을 확실히 인정받기 어려웠다. 새로 발견한 원소들을 진정 새로운 원소로 인정받기 위해서는 원소를 확인하는 기존의 방법들에 따라 원소의 존재를 확인시켜 줄 필요가 있었다. 화학적인 방법으로 원소를 분리하고, 원소의 원자량을 측정하는 작업이 뒷받침되어야 했다.

두 번째 문제는 방사선의 정체를 규명하는 일! 방사선의 종류와 각각의 방사선이 지니는 물리화학적인 특성을 규명하는 일이 궁극적으로 필요했다. 방사선의 정체가 무엇인지를 밝히는 일은 왜 특정 원소에서 이런 방사선이 방출되는지, 그 근원은 무엇이며 방사선 방출에 동반되는 에너지는 어디에서 오는지, 방사선이 방출될 때 그것을 방출하는 물질에는 어떤 변화가 나타나는지 등을 이해할 수 있는 핵심 열쇠를 제공해 줄 것이었다.

두 문제가 각각 지니는 중요성과 규모를 보고, 마리 퀴리와 피에르 퀴리는 각각 한 주제씩을 전담해서 문제를 해결해나가기로 결정했다. 폴로늄과 라듐을 추출해 원소로 확정하는 일은 꼼꼼하면서 결단력이 있는 마리 퀴리가, 방사선의 정체를 밝히는 일은 느리지만 신중한 피에르 퀴리가 맡기로 했다.

일반적인 남녀 사이의 역할 분담 측면에서 본다면 이 부부의 연구 분업은 좀 특이한 측면이 있었다. 보통 남녀 사이에 일을 나눌 때면 육체적으로 힘든 일은 남자, 덜 힘든 일은 여자가 맡는 식으로 분담이 이루어지는 경우가 많은데, 방사능 연구에서 마리 퀴리와 피에르 퀴리의 분담은 그 반대로 이루어졌다. 강도 높은 노동을 동반하는 라듐 추출을 마리 퀴리가 맡고, 그보다 상대적으로 덜 힘든 방사선 연구를 피에르 퀴리가 맡았던 것이다.

마리 퀴리는 피치블렌드라고 하는, 우라늄 광산에서 우라늄을 제거하고 남은 광석 덩어리에서 라듐을 추출하는 작업을 했다. 이를 위해서는 우선 한 번에 수십 킬로그램이 나가는 돌덩이를 옮겨다가 그 돌덩이를 잘게 부수어야 했다. 나중에는 공장에서 기계의 도움을 받아 돌덩이를 분쇄할 수 있었지만, 연구 초반에는 암석의 분쇄 작업을 마리 퀴리가 직접 해야 했다. 분쇄를 하고 난 돌덩이는 여러 종류의 화학 약품에 녹여 필요 없는 대부분의 성분들을 제거했다.

그러고 나면 소량의 물질이 남는데, 여기에는 라듐과 바륨이 섞여 있었다. 라듐과 바륨은 그 화학적 성질이 매우 비슷해서 바륨에서 라듐을 분리시키는 일이 쉽지 않았다. 마리 퀴리는 염산에서 라듐이 바륨보다 용해도가 낮다는 점을 이용했다. 바륨과 라듐이 섞여 있는 혼합물을 염산에 녹이면 용기 바닥에 결정이 생겼다. 이 결정에서 방출되는 방사능은 염산으로 녹인 용액에서 방출되는 방사능보다 다섯 배가 더 강했는데, 이는 바륨에 비해 염산에서 덜 녹는 라듐이 결정에 많이 포함되어 있기 때문이었다.

이제 바닥에 생긴 결정을 다시 염산에 녹이면, 원래의 결정보다 더 많은 라듐을 포함하고 있는 결정을 얻을 수 있었다. 마리 퀴리는 라듐과 바륨이 섞여 있는 혼합물을 염산에 녹여 결정을 얻고, 다시 그 결정을 염산에 녹여 결정을 얻는 식으로 라듐을 농축시켜나갔다. 동시에 결정을 제거하고 난 염산 용액을 재차 끓여 증발시킨 후 다시 염산 용액에 녹이는 방법으로도 라듐 결정을 농축시키는 작업을 진행시켰다. 매 단계마다 결정과 염산 용액에서 방출되는 방사능을 수정 압전 검전기로 조사해서, 방사능이 강한 부분을 찾아내는 일도 병행했다. 이렇게 분별 결정법이라는 화학적 분리 방법과 방사능 측정이라는 물리적 측정 방법을 결합시켜서 마리 퀴리는 방사화학의 새로운 실험 방법을 확립시켰다.

라듐 결정은 어둠 속에서 은은한 빛을 발산했다. 부부는 종종 집에서 저녁을 먹은 후에 실험실까지 산책을 나와서 여러 개의 증발 접시에서 나오는 라듐의 은은한 빛을 황홀하게 바라보곤 했다. 라듐의 은은한 빛은 마리 퀴리에 의해 더 환한 빛으로 거듭났다. 마리 퀴리는 순수한 염화라듐을 농축시켜 얻는 데 성공했으며, 그로부터 라듐의 원자량을 결정해 화학 원소로서 라듐의 존재를 입증해 보였다.

이 모든 연구 과정에서 피에르 퀴리는 마리 퀴리에게 이상적인 환경을 제공해주었다. 연구 선배로서 피에르 퀴리의 경험과 통찰은 마리 퀴리의 연구 곳곳에 중요한 가이드를 제공해주었다. 남편으로서 피에르는 더욱 이상적이었다. 그는 과학자 아내가 가정일과 육아에 지나치게 많은 에너지를 쏟아서 연구에 지장을 받을까 걱정했다. 집안일에 신경 쓸 시간을 연구에 집중하기를 바란 그는 아내를 설득해 가사를 도와줄 사람을 고용했다. 남편이 출산을 대신해줄 수는 없었지만, 육아에서는 시아버지의 덕을 봤다. 첫째 딸 이렌느와 둘째 딸 이브는 바쁜 엄마와 아빠를 대신해 자상한 할아버지의 손에서 자랐다.

하지만 피에르 퀴리와 공동 연구를 했다는 것은 여성 과학자 마리 퀴리에게 치명적인 약점으로 작용하기도 했다. 이미 과학자로서 명성을 쌓은 남편과 함께 연구하는 것으로 인해 연구자로서 마리 퀴리의 독립성은 강하게 위협받았다. 마리 퀴리가 여성이자 한 과학자의 아내였기 때문에, 그녀는 피에르 퀴리의 동료 연구자가 아니라 조교로 여겨졌던 것이다. 그녀가 논문을 내도 사람들은 '퀴리'라는 익숙한 이름을 기억할 뿐, 그 앞에 붙은 '마리 스크워도프스카'라는 이름은 주의 깊게 보지 않았다.

마리 퀴리는 자신의 연구가 '퀴리'라는 이름에 묻히지 않도록 논문을 낼 때 세심한 주의를 기울였다. 논문을 낼 때면 결혼 전 이름까지 붙여서 '마리 스크워도프스카 퀴리'라는 긴 이름을 써서 피에르 퀴리가 쓴 논문이 아니라는 점을 인식시키려 했다. 또 부부가 같이 쓴 논문에서 마리 퀴리 본인이 쓴 논문을 인용할 때는 "우리가 쓴 논문"이라는 표현 대신 "우리 중 한 사람이 쓴 논문"이라는 표현을 써서 인용한 논문이 마리 퀴리 본인이 독립적으로 쓴 논문이라는 점을 강조했다. 하지만 특별히

주의를 기울이지 않는 사람들에게는 마리 퀴리의 이런 노력도 크게 효과를 발휘하지는 못했다.

마리 퀴리에 대한 과학계의 인식을 상징적으로 보여주는 사건이 바로 노벨상이었다. 1903년 스웨덴의 노벨위원회는 그해의 노벨 물리학상을 방사능 연구에 주기로 결정했다. 그에 따라 노벨상 후보에 오른 것은 베크렐과 피에르 퀴리였다. 후보 명단에 마리 퀴리는 올라 있지 않았던 것이다. 이 소식을 전해들은 피에르 퀴리는 깜짝 놀라서 위원회에 속해 있는 친구에게 급하게 편지를 보냈다. 이 연구는 자신과 마리 퀴리의 공동 연구이며, 그 안에서 마리 퀴리가 한 역할이 매우 중요하다는 점을 강조하면서 자신이 노벨상을 받는다면 마리 퀴리도 마땅히 함께 받아야 한다고 강조했다. 다행히 이런 노력이 받아들여져서 1903년 노벨 물리학상은 반은 베크렐이, 나머지 반은 피에르 퀴리와 마리 퀴리가 공동으로 수상하게 되었다.

1903년 노벨 물리학상에 이어 1911년 노벨 화학상까지 받았지만, 남편과의 공동 연구로 인한 평가 절하는 오래도록 마리 퀴리를 따라다녔다. 그녀가 전담한 라듐 추출 작업이 노동 집약적이었다는 점도 마리 퀴리에 대한 세간의 평가 절하에 한몫했다. 그녀가 방사능 연구라는 새로운 분야를 개척한 훌륭한 과학자라는 점은 부인할 수 없지만, 그 훌륭함은 뛰어난 지적 능력에서 나온 것이 아니라 허드렛일도 마다하지 않는 육체적 강인함과 끈기에서 나왔다는 것이다. 그런 후대의 평가들은 마리 퀴리의 방사능 연구에서 나타나는 이론적인 통찰들을 모두 피에르 퀴리의 공으로 돌렸다.

큰 불행은 작은 행운과 함께 온다고 해야 할까. 마리 퀴리가 여성 과학자로서 역사에 이름을 남길 수 있게 된 것은 아이러니하게도 남편의 이른 죽음으로 인해 가능했다.

이제 마리 퀴리의 인생에서 가장 절망적인 순간으로 들어가보자.

죽음은 예기치 않게 다가왔다. 1906년 4월 19일, 비가 쏟아지는 날이었다. 피에르 퀴리는 실험실 근처의 거리에서 길을 건너려던 참이었다. 쏟아지는 비를 막기 위해 그는 우산을 앞으로 기울였다. 시야를 가린 우산으로 인해 피에르 퀴리는 달려오는 마차를 보지 못했다. 마부가 길을 건너려는 피에르 퀴리를 급하게 발견하고 피하려고 했으나 이미 너무 늦어버렸다. 달려오던 말이 피에르를 덮쳤고, 쓰러진 그의 머리 위로 마차에서 쏟아진 짐들이 떨어졌다. 마흔 일곱의 나이에 피에르 퀴리는 세상을 떠났다. 마리 퀴리가 서른 아홉이 되던 해였다. 두 딸은 이제 겨우 아홉 살, 두 살에 불과했다.

피에르 퀴리의 죽음과 함께 반짝거리던 그녀의 인생도 빛을 잃은 듯했다. 그녀는 극심한 우울감에 빠졌다. 남편이 죽은 지 보름 정도 지났을 때 그녀는 일기에 다음과 같이 썼다.

1906년 5월 7일

피에르, 당신 없는 삶은 잔인합니다. 이 삶은 이름 없는 괴로움이며 끝도 없이 황폐합니다. 당신이 떠나고 18일이 지났지만, 잠들었을 때를 제외하면 단 한순간도 당신 생각을 하지 않은 적이 없습니다. …… 난 다른 일을 생각하는 게 점점 더 힘들어져서 일하기도 힘들어졌어요. 박민아, 《퀴리&마이트너: 마녀들의 연금술 이야기》, 김영사, 2008, 71쪽

피에르 퀴리가 죽고 절망에 빠져 있는 마리 퀴리에게 남편이 맡고 있던 소르본 대학의 교수 자리를 맡아달라는 제안이 들어왔다. 피에르 퀴리가 하던 방사능 연구와 강의를 이어나가기에 마리 퀴리만 한 적임자는 없었을 것이다. 죽은 교수의 부인을 바라보는 호기심 어린 눈길을 뒤로하고 마리 퀴리는 피에르 퀴리가 강의를 끝낸 바로 그 지점부터 담담하게 강의를 시작했다. 퀴리 부인이 아닌, 마리 퀴리 혼자의 삶이 시작된 것이다.

보통 부부가 함께 연구를 하면 아내인 여성 과학자는 남편인 남성 과학자의 조수로 평가 절하되고 역사 속에서 잊히는 경우가 많다. 하지만 퀴리 부부의 경우는 예외적으로 정반대가 되었다. 생전에 높은 명성을 얻은 과학자임에도 불구하고 피에르 퀴리의 이름은 역사 속에 묻히고 마리 퀴리의 이름만이 역사에 남았다. 마리 퀴리의 비범함이 이렇게 흔치 않은 일을 만들어낸 것이라는 점은 의심의 여지가 없지만, 아내를 연구자로서 인정하고 아꼈던 남편 피에르 퀴리의 배려가 없었다면 마리 퀴리의 비범함도 시대의 편견을 극복하기는 쉽지 않았을 것이다. 마리 퀴리는 정말 이상적인 배우자를 선택했다.

소르본 스캔들

물리학자 폴 랑주뱅Paul Langevin, 1872~1946은 재미있는 사람이다. 제1차 세계대전 때는 초음파 잠수함 탐지기를 개발해 프랑스가 독일의 잠수함을 찾아내는 데 일조했다. 그는 유럽에 파시즘의 불길이 번졌을 때는 이에 대해 공개적으로 반대하며 정치적 행동에 나서기도 한 공산주의자였다. 이런 정치적 활동으로 인해 제2차 세계대전 프랑스가 독일에 점령되었을 때에는 노령의 나이에 감옥에 갇히기도 했었다. 그의 딸 역시 레지스탕스 활동을 하다가 체포된 적이 있었다.

랑주뱅은 퀴리 집안과 여러모로 인연이 깊었다. 물리학 및 공업화학 시립대학을 다닐 때에는 피에르 퀴리의 학생이었고, 후에 소르본에서 피에르 퀴리를 지도 교수로 삼아 박사학위를 받았다. 퀴리 부부의 첫째 딸 이렌느가 소르본에 왔을 때는 그녀의 박사 과정을 지도했다. 이렌느의 남편이자 마리 퀴리의 사위가 되는 프레데릭 졸리오 퀴리Frédéric Joliot-Curie, 1900~1958를 마리 퀴리 연구소의 조교로 소개한 것도 그였다. 그리고 그는 마리 퀴리의 연인이 되었다.

피에르 퀴리와 그랬던 것처럼, 마리 퀴리는 랑주뱅과 사랑을 나누고 과학도 나누었다. 피에르 퀴리의 부재로 삶의 의욕을 잃은 마리 퀴리에게 랑주뱅은 위로와 격려와 사랑을 주어 그녀의 삶이 다시 반짝일 수 있게 도와주었다. 함께 방사능을 이야기하고 라듐을 이야기하면서 두 과학자는 동료애를 나누었다. 그렇게 랑주뱅은 동료이자 연인으로서 피에르 퀴리의 빈자리를 채워줄 수 있는 사람이었지만, 결정적인 부분에서 피에르와 달랐다. 그에게는 부인과 네 아이가 있었다. 그 아이들은 마리의 딸들과 친구이기도 했다.

폴 랑주뱅의 부인인 잔 데스포세와 마리 퀴리는 일찍이 알던 사이였다. 딸 이렌느가 과학과 수학에 특출한 재능이 있다는 걸 알게 된 퀴리 부부는 피에르 퀴리가 그랬던 것처럼 아이를 집에서 교육시키기로 결심했다. 부부는 주변의 친구 과학자들과 함께 그들의 아이들을 모아서 소르본 대학교의 실험실과 서로의 집을 돌며 아이들을 교육시켰다. 퀴리 부부와 랑주뱅, 물리화학자 장 페랭Jean Perrin, 1870~1942, 자연사학자 앙리 무통Henri Mouton, 1869~1935이 여기에 참여해서 자신의 전공 분야를 가르쳤으며, 그들이 가르칠 수 없는 미술이나 외국어 등의 분야는 주변 사람들의 도움을 받았다. 이 덕에 랑주뱅의 가족과 퀴리의 가족 전부가 친한 친구로 지내게 되었다.

랑주뱅 부부 사이에 불화가 있다는 것은 그 그룹에 속해 있는 사람들 사이에 잘 알려져 있었다. 마리 퀴리와의 일 이후에도 정부를 둔 걸로 봐서는 랑주뱅이 가정을 잘 챙기던 사람은 아니었던 것 같고, 또한 이를 참아 넘길 정도로 데스포세가 순종적인 사람도 아니었다. 부부는 아침 식탁에서 애들을 앞에 두고 싸우는 일도 많았는데 심한 폭언이 오가기도 했다. 한번은 데스포세가 던진 물건이 랑주뱅의 얼굴에 맞은 적도 있었다. 랑주뱅은 자전거를 타다 다친 거라고 말하고 다녔지만, 절친한 친구에게는 사실을 털어놓았다.

마리 퀴리는 랑주뱅 부부의 불화의 주된 원인이 랑주뱅에 있다고 생각했다. 잔 데스포세가 마리 퀴리에게 종종 남편에 대한 불만을 늘어놓았던 것이다. 마리 퀴리는 랑주뱅 부부의 불화가 지속되는 것이 친구로서 걱정되기도 했고, 부부간 불화로 랑주뱅의 연구가 지체되지 않을까 동료로서 걱정되기도 했다. 한번은 마리 퀴리가 랑주뱅을 만난 자리에서 그 문제를 꺼내며 부인에게 잘해주라고 조언을 했는데, 듣고 있던 랑주뱅이 폭발해버렸다. 랑주뱅은 자신이 얼마나 불행하게 살고 있는지 아냐며 데스포세의 폭언과 폭행 이야기를 꺼냈다. 예상치 못했던 이야기에 마리 퀴리는 충격을 받았다. 그렇게 해서 랑주뱅에 대한 연민이 싹트기 시작했고, 사랑으로 커나갔다. 둘은 아파트를 얻어 둘만의 아지트로 만들고 남들 모르게 사랑을 속삭였다.

남편을 잃은 미망인과 부부 사이가 벌어진 유부남의 사랑. 유명한 과학자라고는 해도, 두 사람의 사랑은 세상에 많은 그저 그런 불륜으로 끝날 수도 있었다. 그런데 여기에 정치색이 덮이면서 두 사람의 사랑은 프랑스 사회를 뜨겁게 달군 '소르본 스캔들'로 비화되었다.

처음 그들의 사랑이 세상에 공개된 것은 1911년 11월 4일이었다. 그날 발행된 신문 《르주르날Le Jornal》에 "퀴리 부인과 랑주뱅 교수의 사랑이야기"라는 제목으로 두 사람의 스캔들이 기사화된 것이다. 곧이어 11월 23일 《뢰브르 L'Œuvre》에는 '소르본 스캔들'이라는 제목 아래 마리 퀴리가 랑주뱅에게 보냈다는 편지의 발췌본이 공개되었다. 이 편지에는 부인과 이혼을 하려면 부인이 임신을 하지 않도록 조심하라고 랑주뱅에게 당부하는 내용이 담겨 있었다.

또 다른 신문인 《락시옹 프랑세즈L'Action Française》에 실린 글은 이들 언론에서 사적인 불륜 문제를 어떤 식으로 정치화시키고 있는지를 잘 보여준다.

> 한 가장으로 하여금 그의 가정을 파괴하도록 만든 이 외국인 여성은 이성과 도덕적으로 우월한 삶을 걸고 초월적인 이상을 말한다고 주장한다. 그러나 그 초월적 이상 이면에는 소름 끼치는 이기심이 숨어 있다. 그녀는 불쌍한 남편, 아내, 아이들을 저버렸다. …… 그리고 그녀는 과학자로서의 치밀함으로 교묘한 수단을 연구해, 이 가엾은 아내를 고문해서 그녀를 절망에 빠뜨리고 불화를 조장했다. 박민아, 《퀴리&마이트너: 마녀들의 연금술 이야기》, 김영사, 2008, 140쪽

마리 퀴리와 랑주뱅의 불륜을 다룬 프랑스 우파 언론들은 외국인 혐오증, 국수주의, 애국심의 관점으로 이 사건을 보게 만들었다. 이 관점에 따르면 폴란드 여성 마리 퀴리는 애국적인 프랑스 어머니와 자식들로부터 어수룩한 프랑스 남편이자 아버지를 꾀어 낸 팜므 파탈이었다. 게다가 이 외국인 여성은 여성에게는 흔치 않은 과학적 치밀함으로 이 일을 꾸몄다. 이 구도에 따르면 불륜의 상대인 랑주뱅마저도 희생자에 불과했다.

이 사건의 후폭풍은 강렬했다. 마리 퀴리의 집으로 기자들이 찾아오는 바람에 가족들은 거처를 옮겨야만 했다. 마리 퀴리가 머물렀던 친구

1911년 제1회 솔베이 회의에 여성 과학자로는 유일하게 마리 퀴리(아래 줄 오른쪽에서 두 번째)가 참석했고, 폴 랑주뱅(위 줄 오른쪽에서 첫 번째)도 이 회의에 초대받았다.

의 집은 고등사범학교의 사택이었는데, 그 집에서 마리 퀴리를 나가게 하라는 교육부 장관의 압력이 가해지기도 했다. 두 사람이 같이 참가해서 최신 물리학의 문제를 논의했던 솔베이 국제회의는 두 사람의 밀회 여행으로 보도되기도 했다.

그나마 다행이었던 것은 그녀를 믿어주고 지지해주는 가족과 동료들이 있었다는 점이다. 아인슈타인은 마리 퀴리에게 위로의 편지를 보내며 그런 소란스러운 얘기들을 읽지 말고 무시해버리라고 조언했다. 피에르의 형인 자크는 《르주르날》의 기사를 보고 "저런 폭도들 같으니라고, 돼지 같은 것들, 더러운 녀석들!"이라며 불같이 화를 냈고, 잔 데스포세에 대해서는 "부부 생활 내내 랑주뱅에게 해만 끼친 역병"이라고 비난했다. 그는 자신의 침묵이 마리 퀴리에 대한 비난으로 해석될 수 있다는 것을 알고는 신문의 편집장에게 마리 퀴리를 지지하는 편지를 보냈다.

> 퀴리 가문의 이름을 걸고, 저의 제수씨가 과학적인 면에서나 일반적인 면에서나 특출 났던 것처럼 사생활에 있어서도 완벽하고 뛰어났다는 점을 말씀드리는 게 좋을 것 같습니다. 그녀는 제 동생이 죽던 순간까지 10년인가 11년인가 하는 결혼 생활 내내 제 동생의 기쁨이었습니다. 그들만큼 서로를 완벽히 이해하는 사람들을 상상할 수가 없습니다.
>
> 그녀는 제 아버지의 기쁨이었습니다. 아버지는 말년을 그녀와 그녀의 아이들과 함께 보낼 정도였지요. 서로를 아끼는 그들의 애정은 진실하고 완전한 것이었습니다. 제가 그녀에게 갖는 믿음은 친동생에게 느끼는 것과 똑같습니다.

시댁 가족들의 지지에도 사태는 쉽게 가라앉지 않았다. 이로 인해 마리 퀴리는 두 번째 노벨상 수상을 포기하라는 압력을 받기도 했다. 《르 주르날》의 기사가 나간 직후 노벨위원회는 마리 퀴리를 1911년 노벨 화학상 수상자로 선정했다고 발표했다. 하지만 곧 이 사건을 알게 된 노벨위원회는 노벨상 선정을 취소할 수도 없고 그렇다고 사회적 물의를 일으킨 사람에게 주자니 상의 권위가 실추될까 걱정이 되었다. 위원회는 마리 퀴리와 안면이 있는 화학자 아레니우스를 통해 마리 퀴리에게 개인적인 편지를 보냈다. 세간에 떠도는 당신에 관한 소문을 믿지 못하겠다는 말로 시작하며 돌려서 말하고 있었지만 편지의 의도는 분명했다. 마리 퀴리가 스스로 노벨상 수상을 거절해주면 좋겠다는 것이었다. 이에 대해 마리 퀴리는 다음과 같은 답장을 보냈다.

> 당신은 제게 주어진 노벨상을 거절하는 게 좋겠다고 제안하셨습니다. 그리고 제게 가해진 공격에 대해 공개적으로 해명을 하지 않는다면 스톡홀름 아카데미가 제게 상을 주지 않을 거라고 말씀하셨습니다. 그것이 아카데미의 대체적인 입장이라면 무척 실망스러울 것입니다. 하지만 아카데미의 의도나 입장을 추측하는 건 제가 해야 할 일이 아니라고 생각합니다. 그러니 저는 제 확신에 따라 행동해야 할 것입니다.
>
> 제가 보기에 당신이 조언해주신 행동은 심각하게 잘못된 것처럼 보입니다. 그 상은 라듐과 폴로늄 발견에 대해 주어진 것입니다. 제 과학 연구와 제 사생활은 전혀 상관이 없다고 생각합니다. 과학 연구의 가치를 인정하는 일이 사생활에 대한 중상모략과 명예 훼손에 영향을 받는다는 생각을 저는 원칙적으로 받아들일 수 없습니다.

마리 퀴리는 노벨상은 피에르 퀴리와 자신의 연구에 대해 주는 상이라는 점을 분명히 하며 노벨상 수상을 거절하지 않겠다는 뜻을 단호히 밝혔다. 1903년 노벨상 시상식에는 바쁘다는 핑계로 참석도 하지 않았던 마리 퀴리는 1911년 노벨상 시상식에는 평소에는 보기 힘들었던 아름다운 드레스 차림으로 딸들을 데리고 참석했다. 어린 이브 퀴리의 기억 속에 그날은 드레스를 입은 아름다운 엄마를 처음 본 날로 남았지만, 마리 퀴리에게는 그날은 세상의 모진 시선에 굴하지 않겠다는 의지로 겨우겨우 버티고 서 있던 날이었다.

'소르본 스캔들'로 심신이 모두 지친 마리 퀴리는 한동안 이곳저곳 옮겨 다니며 병든 몸을 요양하고 상처받은 마음을 달래야 했다. 이 사건으로 생긴 외국인이라는 낙인은 오랫동안 퀴리 가족을 따라다녔다. 제1차 세계대전이 터졌을 때 딸들은 스스로를 프랑스인으로 생각하고 있음에도 불구하고 독일인 스파이라는 친구들의 비난에 힘든 시간을 보내야 했다. 제1차 세계대전 중에 마리 퀴리가 방사선 진단 장비를 갖춘 차를 마련해 전장을 돌아다니고, 1920년대 미국인들이 마리 퀴리에 대해 열광하는 것을 본 후에야 프랑스인들은 마리 퀴리를 다시 프랑스인으로 받아들였다.

스캔들의 다른 당사자인 랑주뱅은 어떻게 되었을까? 유부남인 채로 불륜을 저지른 당사자였음에도 랑주뱅에 대한 비난은 마리 퀴리에 비하면 크지 않았다. 소르본 스캔들로 잔 데스포세와 떨어져 지내던 랑주뱅은 아이들을 위해 몇 년 후 부인과 다시 합쳤다. 그 뒤로 그는 또 다른 정부를 두었지만, 이번에는 부인의 묵인 속에 별일 없이 지나갔다.

전통적으로 프랑스 사회가 이런 일에 관용적이었다는 점을 들어 마리 퀴리의 스캔들을 변호할 수 있을지도 모르겠다. 하지만 잔 데스포세처럼 고통받는 당사자가 나왔다는 점에서 마리 퀴리와 랑주뱅의 스캔들은 도덕적인 비난을 피하기 힘들 것이다. 하지만 '소르본 스캔들'은 개인에 대한 도덕적 비난과는 거리가 멀었다. 이 사건은 마리 퀴리를 통해 외국인 혐오증, 여성 과학자에 대한 거부감 등을 표출한 사건으로 볼 수 있고, 그런 점에서 정치적인 성격을 지니고 있었다. 랑주뱅과의 사랑은 지극히 개인적이었지만, 이 사랑에 대한 반응은 지극히 정치적이었던 셈이다.

과거의 소란스러움이 무색하게도, 몇 년 전 프랑스에서 실시한 여론 조사에서 마리 퀴리는 나폴레옹, 파스퇴르에 이어 프랑스인이 가장 존경하는 위인에 선정되었다. 또 그녀의 유해는 프랑스의 위인들이 안장되어 있는 팡테옹에 남편 피에르 퀴리와 함께 안장되어 있다. '소르본 스캔들' 당시 외국인으로 거부당했던 마리 퀴리는 지금은 온전한 프랑스인으로 대접받고 있는 셈이다. 여기에 한 가지 덧붙이자면, 마리 퀴리와 랑주뱅의 사랑은 '소르본 스캔들'로 끝이 났지만 그 사랑은 손자와 손녀를 통해 실현되었다. 이렌느 퀴리의 딸은 랑주뱅의 손자와 결혼해서 랑주뱅졸리오Langevin-Joliot라는 성을 갖게 되었다. 그 손녀 엘렌Hélène Langevin-Joliot, 1927~은 핵물리학자가 되어 집안의 전통을 잇고 있다.

라듐 연구소

1909년 소르본 대학과 파스퇴르 연구소는 라듐 연구소를 세웠다. 이 연구소는 마리 퀴리의 방사능 연구를 위해 만들어진 연구소로, 방사능의 물리화학적 성질을 연구하는 파트와 방사능의 생물학적, 의학적 효과를 연구하는 파트로 이루어졌다. 이 중 방사능의 물리학적, 화학적 특성을 연구하는 파트를 마리 퀴리가 이끌었다.

새로 연구소가 세워졌지만, 1911년 소르본 스캔들 이후 한동안 마리 퀴리는 연구에 몰입할 수 없었다. 방사능 연구에 매진해오며 누적되었던 몸과 마음의 피로가 소르본 스캔들을 겪으며 한꺼번에 터져나왔다. 그녀는 신장에 이상이 생겨 병원에 입원하기도 하고 파리를 떠나 요양을 하기도 하며 몸과 마음을 추슬렀다. 그사이 경쟁자였던 영국의 러더퍼드Ernest Rutherford, 1871~1937가 이끄는 케임브리지 대학의 캐븐디시 연구소가 방사능 연구의 주도권을 잡아나갔고, 덴마크의 닐스 보어는 고전 양자역학의 시작을 여는 수소 원자 궤도에 관한 기념비적인 논문을 내며 원자에 대한 이해를 획기적으로 바꿔나가고 있었다. 직접 연구에 뛰어들지는 못했지만, 마리 퀴리는 최신 연구를 따라가는 것만은 게을리하지 않았다.

1914년에는 제1차 세계대전이 터지면서 연구의 공백이 지속되었다. 그렇다고 마리 퀴리가 맥을 놓고만 있었던 것은 아닌데, 그녀는 라듐 연구소에서 방사선 진단 장비를 갖춘 군용차를 준비해 그 차를 타고 전쟁터를 다니면서 부상당한 병사들의 진료를 도왔다. 딸 이렌느도 엄마와 함께했다.

전쟁이 끝나고 그녀의 라듐 연구소는 본격적인 연구에 착수했다. 마리 퀴리는 이제 연구원들의 연구를 지도하는 일뿐만 아니라 연구소의 운영을 관장하고 연구에 필요한 재원을 확보하는 일까지, 연구소의 수장으로서의 역할을 훌륭하게 수행해나갔다. 대중 앞에 나서는 걸 반기지 않는 성격이었지만 연구비 기부금을 받을 수 있다는 말에 미국까지의 순회 강연도 마다하지 않았다. 미국 전역을 다니며 강연을 하고 사교

제1차 세계대전 중 방사선 진단 차량을 타고 있는 마리 퀴리.

모임에 나가고 인터뷰를 하는 등의 대중 활동을 통해 그녀는 라듐 연구소에 필요한 연구비를 모금했다. 두 번의 미국 방문을 성공적으로 마친 덕에 1932년에는 고국인 폴란드 바르샤바에 새 라듐 연구소를 세울 수도 있게 되었다. 폴란드 라듐 연구소의 소장은 언니 브로니아가 맡았다.

마리 퀴리가 연구소장으로서의 직책을 훌륭히 맡아가는 동안 라듐 연구소에서 새로운 연구를 개척해나간 사람은 바로 이렌느 퀴리였다. 부모의 과학적 재능을 그대로 물려받은 이렌느는 부모의 방사능 연구를 이어나갔다. 여기에 새로운 인재가 한 명 더 가세하게 되는데, 폴 랑주뱅의 추천을 받아 마리 퀴리의 조교로 들어온 프레데릭 졸리오가 바로 그 주인공이었다. 오래전부터 피에르 퀴리를 존경해오던 이 젊은이는 겉으로는 무뚝뚝해 보이지만 속은 피에르 퀴리를 꼭 닮은 그의 딸에 끌렸다. 사랑에 빠진 두 사람은 1926년 결혼했고, 부부는 두 사람의 성을 모두 따서 졸리오퀴리를 새로운 성으로 삼았다. 1934년 두 사람은 인공

팡테옹의 한 방에 나란히 있는 마리와 피에르 퀴리의 관.

적으로 방사선 원소를 만드는 데 성공한 공로로 이듬해 노벨 화학상을 수상했다.

마리 퀴리는 딸 부부의 발견을 매우 기뻐했다. 라듐 연구소가 예전의 명성을 되찾게 되었다며 딸 부부의 발견을 축하했다. 하지만 그녀는 퀴리라는 이름에 세 번째 노벨상이 주어지는 것을 보지는 못했다. 1934년 7월 4일 마리 퀴리는 눈을 감았다. 방사능 연구 과정에서 오랫동안 방사능에 노출되었던 것이 그녀의 몸에 치명적인 병을 가져왔던 것이다. 그녀의 관은 소에 묻힌 피에르 퀴리의 관 위에 안장되었다. 두 사람의 결혼식 때처럼 장례식도 소박하게 치러졌다. 바르샤바에서 온 언니와 오빠는 폴란드의 흙을 마리 퀴리의 관 위에 뿌려주었다. 두 딸과 함께 랑주뱅도 그 자리에 함께했다.

1995년 마리 퀴리와 피에르 퀴리의 유해는 프랑스 위인들의 유해를 모신 팡테옹으로 옮겨졌다. 지금도 두 사람의 관은 팡테옹의 한 방에 나란히 놓여 있다.

참고 문헌

- 박민아, 《퀴리&마이트너: 마녀들의 연금술 이야기》, 김영사, 2008.
- Susan Quinn, *Marie Cuire: A Life*, Addison–Wesley, 1995.
- Helena M. Pycior, "Reaping the Benefits of Collaboration While Avoiding its Pitfalls: Marie Curie's Rise to Scientific Prominence", Social Studies of Science 23–2(1993), pp301–323.

Scientists In Love

1927년의 어느 날, 페르미는 친구들에게 이렇게 말했다.
"조만간 상식에 벗어난 짓, 그것도 엄청난 짓을 저지를 것 같은 기분이 들어."
페르미가 말한 상식에 벗어난 엄청난 짓이란, 둘 중 하나였다.
자동차 구입 또는 결혼.

chapter

03

아내에게 자서전을 헌사받다

엔리코 페르미 & 라우라 페르미

이은희

글쓴이 **이은희**

생물학을 전공하고, 제약 회사 연구원으로 일하던 중 인터넷에 연재하던 글이 책으로 엮여 나오면서 2002년 '하리하라의 생물학 카페'를 내고 과학 작가로 데뷔했다. 이후 학교로 다시 돌아가 과학커뮤니케이션을 전공으로 박사 과정을 수료했으며, 지금은 과학에 관련된 글을 쓰고, 방송과 강연을 병행하면서 사람들에게 과학을 알리는 과학 커뮤니케이터로 활동하고 있다.

필명인 '하리하라'로 10여 권의 대중 과학서를 저술했으며, 제21회 한국과학기술도서상을 수상했다.

모든 것이 죽음에 그슬린 날

1945년 8월 6일 오전 2시 45분, 모든 것이 잠든 듯한 여름밤. 필리핀 동쪽 북마리아나 제도의 티니안 섬에서 미군의 전략폭격기 B-29 세 대가 조용히 이륙했다. 제2차 세계대전이 아직 끝나지 않았기에, 미군의 전투기가 떠오르거나 그 전투기가 적진에 폭탄을 퍼붓는 일은 거의 일상적이라고 해도 어색하지 않은 시기였다. 하지만 이번의 폭격은 조금 특별했다. 그중 한 대, 폴 티베츠 대령이 조종하는 '에놀라 게이'라는 애칭으로 불리는 폭격기 안에는 이전에는 한 번도 사용해 보지 않았던—그리고 이후에도 다시는 사용되어서는 안 될— 신무기가 실려 있었기 때문이었다.

B-29 편대가 폭탄 투하 대상으로 삼은 지역은 일본의 군사 도시 히로시마였다. 드디어 목표 지점의 상공에 도달했을 때는 이미 기나긴 여름 해가 제법 높이 솟은 뒤였다. 히로시마 작전 본부는 미군의 전투기가 등

장하자 일순간 바짝 긴장했다. 그러나 전투기가 겨우 세 대뿐인 것을 보고는 경계를 늦추었다. 히로시마를 쑥대밭으로 만들 목적이라면 이보다 훨씬 더 많은 전투기를 파견했으리라. 겨우 세 대만 나타났다는 것은 정찰이 목적이거나 혹은 그저 다른 지역으로 이동하는 경로 중에 우연히 히로시마가 포함되었다고 보는 게 타당했다. 그렇게 적이 잠시 경계를 늦춘 사이, 폴 티베츠 대령은 에놀라 게이에 품고 왔던 '리틀 보이'라는 이름의 폭탄 단 한 발을 히로시마 상공에 떨어뜨렸다. 그러고는 재빨리 기수를 돌려 폭격 범위를 벗어났다. 43초 동안 자유 낙하한 리틀 보이는 히로시마 상공 500여 미터 지점에서 폭발을 일으켰다. 1945년 8월 6일 오전 8시 15분의 일이었다.

> 사람, 동물, 모든 생명을 가지고 있는 것들이 말 그대로 죽음 속에 그슬렸습니다. 히로시마 원자 폭탄 폭격을 전했던 당시 일본의 라디오 방송의 멘트 중에서

인류 최악의 무기를 손에 쥔 날

당시 히로시마에 떨어진 리틀 보이의 위력은 이름에 걸맞지 않게 엄청났다. 농축 우라늄 60킬로그램을 포함하고 있던 리틀 보이의 폭발력은 TNT 2만 톤20kt 수준으로, 이 단 한 발로 히로시마 시내의 건물 70퍼센트가 파괴되었고, 8만 명의 사람들이 즉사했다. 부상을 입은 사람들도 많았다. 부상자들 중 대부분은 심각한 방사능 피폭의 후유증으로

이탈리아 피사에서 학창 시절을 보냈던 페르미. 그는 20세에 박사 학위를 취득했다.

몇 해를 넘기지 못했고, 그 결과 1950년까지 리틀 보이에 의한 사망자 수는 20만 명까지 늘어났다. 당시 히로시마 인구가 34만 명 수준이었다는 것을 감안한다면, 한 발의 폭탄이 히로시마 시민 2/3의 목숨을 앗아간 셈이다. 인류는 스스로의 존재를 일시에 소멸시킬 엄청난 살상 무기를 마침내 손에 넣은 것이다.

평화로운 세상에서 전쟁이라는 광기와 맹목적 애국심은 최악의 악몽이다. 과학자들의 뛰어난 두뇌와 전폭적인 물적 지원은 이 악몽을 현실로 끄집어냈다. 핵폭탄은 악몽의 실체였다. 제2차 세계대전 당시 미국의 핵폭탄 개발 계획 '맨해튼 프로젝트'에 참여한 사람들은 과학자들만 따져도 2,500여 명에 가까운데, 그중에서도 '원자 폭탄의 아버지' 격인 8인방의 역할은 결정적이었다고 평가된다. 전쟁을 끝내기 위해 노력했으나, 오히려 인류를 끝장내버릴 수 있을 만큼 무시무시한 폭탄을 만들어낸 이들 8인방은 로버트 오펜하이머Julius Robert Oppenheimer, 1904~1967(미국의 이론 물리학자), 존 폰 노이만John Louis von Neumann, 1903~1957(헝가리 출신 미국의 수학자), 유진 폴 위그너Eugene Paul Wigner, 1902~1995(헝가리 출신 미국 물리학자, 1963년 노벨 물리학상 수상), 실라르드 레오Szilard Leo, 1898~1964(헝가리 출신 미국 물리학자), 아서 콤프턴Arthur Holly Compton, 1892~1962(미국의 물리학자, 1927년 노벨 물리학상 수상), 어니스트 로런스Ernest Lawrence, 1901~1958(미국의 물리학자, 1939년 노벨 물리학상 수상), 닐스 보어Niels Henrik David Bohr, 1885~1962(덴마크의 물리학자, 1922년 노벨 물리학상 수상), 그리고 엔리코 페르미Enrico Fermi, 1901~1954(이탈리아 출신 미국 물리학자, 1938년 노벨 물리학상 수상)였다.

8인방 중에서도 세계 최초로 원자로를 만드는 데 성공해 원자핵의 연쇄 분열을 성공시켰던 페르미의 역할은 매우 컸다. 페르미는 제2차 세계대전 당시 미국의 '적성 국가'였던 무솔리니 치하의 이탈리아를 버리고 머나먼 미국 땅에서 '적국의 스파이'라는 의심의 눈초리를 받아가며 핵폭탄 개발에 매진했던 인물이었다. 그리고 그 배경에는 그가 일생을 바쳐 사랑했던 유일한 여성, 그녀의 아내 라우라 페르미가 있었다.

페르미의 어린 시절

이탈리아계 미국 물리학자 엔리코 페르미는 1901년 9월 29일, 이탈리아 로마에서 철도청 직원인 아버지 알베르토 페르미와 초등학교 교사였던 어머니 이다 데 가티스의 2남 1녀 중 막내로 태어났다. 아버지 알베르토는 41세의 나이에 자신보다 열네 살이나 연하였던 이다와 결혼했고, 늦은 결혼을 보충이라도 하듯 세 아이를 잇달아 얻는다. 마리아, 줄리오, 엔리코. 이 세 남매는 연년생으로 태어나 함께 자랐다. 특히 엔리코에게 있어 한 살 위의 형 줄리오는 더없이 좋은 단짝이었다. 둘은 마치 '원자 두 개가 결합해 하나의 분자를 이루듯' 늘 함께 어울려 다녔다. 이들은 어린 시절부터 매우 영특해서 근방에서는 '천재 형제'로 유명했다. 형제는 열 살 남짓한 나이에 둘만의 힘으로 전기 모터를 만들어 작동시켰다. 또한 비행기 엔진의 모형을 그리기도 했는데, 이는 전문가들조차도 탄복할 정도로 정교한 것이었다.

형제가 함께 자라났다면 어떤 미래가 펼쳐졌을까. 하지만 영원할 것만 같았던 형제의 우애는 1915년 때 이른 마침표를 찍게 된다. 목에 생긴 혹을 떼어내는 간단한 수술을 받기 위해 입원했던 줄리오가 마취에서 깨어나지 못한 채 그대로 사망하고 만 것이다. 줄리오의 죽음이 페르미 가족에게 준 충격은 엄청났다. 특히나 문자 그대로 줄리오와 '한 몸 같았던' 엔리코가 느낀 상실감은 말로 표현할 수 없을 정도였다. 엔리코는 형이 사라진 후 우울한 공기가 떠도는 집안 분위기와 둘에서 하나가 된 이후에 오는 공허함을 극복하기 위해 공부에 매달렸다.

학교 공부가 너무 쉬웠던 페르미의 관심권에 들어온 과목은 수학과 물리학이었다. 이런 엔리코의 재능을 가장 먼저 알아본 것은 가족이 아니라 아버지의 친구였던 인제네르 아미데이였다. 당시 과학 분야에 대해 고등 교육을 받았던 아미데이는 엔리코에게 지적인 자극을 주는 질문을 던지고 물리학에 대한 책을 빌려주면서 어린 물리학자의 싹을 키워내는 데 결정적인 역할을 한다. 시간이 흘러 엔리코의 코밑에 까만 수염이 듬성듬성 나기 시작하자, 그는 엔리코에게 피사 고등사범학교Scuola Normale Superiore di Pisa로의 진학을 추천한다. 프랑스의 파리 고등사범학교와 쌍벽을 이루는 이 학교는 과학과 문학에 재능이 있는 극소수의 학생만 선발해서 재능을 키워주는 최상위권의 엘리트 학교였다. 엘리트 중에서도 상위권만을 선발하기 때문에 이 학교의 입학시험은 매우 까다로운 것으로 악명이 자자했다.

실제로 엔리코가 시험장에서 맞닥뜨린 문제는 "진동하는 현鉉에 대한 논문을 작성하라"는 간단하지만 난해한 문제였다. 하지만 이미 물리학에 상당한 지식을 습득하고 있던 엔리코는 어렵지 않게 자신이 아는 모든 지식을 답안지에 쏟아넣었고, 이는 당시 로마공과대학의 교수였던 시험관을 크게 당황하게 만든다. 그가 제출한 답안지는 도저히 17세의 소년이 제출한 답안지라고 믿어지지 않을 정도였다. 결국 시험관은 엔리코를 자신의 방으로 불러 비공식적인 면접을 보기로 결정했다. 그리고 그 면접의 결과 시험관뿐 아니라 엔리코 자신도 스스로가 '지극히 우수하다'는 사실을 극명하게 깨달았다. 엔리코는 별다른 이의 없이 피사 고등사범학교의 장학생으로 선발되었다.

일단 천재성이 발휘되기 시작하자, 페르미는 놀라운 속도로 학계에 이름을 알리기 시작했다. 1922년 7월 페르미는 만 20세의 나이로 물리학 박사학위를 취득한다. 당시 그의 박사학위 논문 심사에는 모두 11명의 시험관이 참여했는데, 그들이 페르미의 논문 심사에서 이해한 건 그의 논문에 담긴 지식이 자신들의 이해 범위를 훨씬 넘어선다는 것뿐이었다고 한다. 이제 젊고 똑똑하고 유능한 물리학자로서 그의 앞날은 거칠 것이 없어 보였다.

역사 속 인간, 인간의 역사

훗날 엔리코 페르미의 일생을 기록한 일대기 《원자가족, 엔리코 페르미와 함께한 나의 삶原子家族, Atoms in the family:MY life Enrico Fermi》에서 저자이자 페르미의 아내인 라우라는 1922년 10월의 어느 날을 '역사적 사건'이라 기록하며 이런 말을 남겼다.

> 우리가 알게 된 역사란 생명이 완전히 다해 우리의 현실 밖에 있는 과거 경험의 복합체다. 산 것과 역사는 엄연히 분리되어 있다. 우리의 나날은 우리에게 속하는 것이며, 역사에 속하는 것은 아니다. 내가 어릴 때, 나는 이 정의를 받아들였다. 그러나 해가 감에 따라 나는 그것이 잘못된 것임을 깨달았다. 우리, 즉 살아 있는 것도 역사의 일부이며, 역사의 영향을 피할 수 없다. 역사는 우리의 일생에 형태를 부여한다. 단 하나의 일이, 단 하루가 우리의 운명을 완전히 뒤바꿔놓을지 모른다. 나와 우리 가족, 그리고 내 친구들에게 중요한 의미를 갖는 모든 일들이 필연적으로 생기게 된 근저를 찾아 더듬어가면 언제나 똑같은 점에 도달한다. 로마에의 진군!

1934년경 페르미(왼쪽 첫 번째)와 그의 제자들. 로마 대학교에서 교편을 잡고 있을 때부터 그는 유명 인사였다.

여기서 말하는 "로마에의 진군"이란 1922년 10월 27일, 무솔리니와 그가 이끄는 '국가 파시스트당'이 감행한 로마 진군을 가리킨다. 무솔리니는 국가 파시스트당의 전위 활동대 '검은 셔츠단'을 앞세워 쿠데타에 성공한다. 이후 이탈리아는 파시즘fascism의 열풍에 휘말리게 된다. 파시즘은 '국가 지상주의'로 번역되는데, 기본적으로 국가와 민족, 인종이 개인보다 우선한다는 정치 이념이다. 그래서 파시즘은 민족 주체성을 강조한다. 파시스트들은 민족주의와 국수주의를 교묘하게 이용해 독재 정치를 합리화한다는 특징을 지닌다. 강력한 민족주의는 이민족에 대한 배타적 차별로 나타나며, 국가를 우선시하는 이념은 자연스럽게 개인의 자유에 대한 억압으로 이어진다.

사실 로마 출신 이탈리아인이면서 남성 과학자였던 페르미는 파시즘의 차별 대상이 아니었기에 이런 변화는 그에게 별다른 의미가 없을 수도 있었다. 하지만 그로부터 16년 후, 페르미가 고국 이탈리아를 등지고 머나먼 미국 땅으로 이민을 떠나게 되는 씨앗은 이때 움튼 것이다. 그 씨앗은 자유로운 과학의 탐구를 제한하고 유대인을 배척해 사랑하는 아내의 안전을 위협하는 극단적 민족주의에 대한 반감으로 그의 마음속에 깊이 뿌리내렸다.

축구로 맺어진 우연한 만남

로마 시내의 전차 정류장. 예쁘장한 소녀가 즐거운 얼굴로 친구들을 기다리고 있었다. 소녀의 이름은 라우라 카폰Laura Capon, 1907~1977, 유복한 집안에서 따뜻한 부모님의 사랑을 듬뿍 받고 자라난 이 16세 소녀의 얼굴에는 그늘이라고는 찾아볼 수 없었다. 미래를 꿈꾸는 소녀, 따뜻한 봄날, 그리고 한가로운 일요일. 달콤하고 로맨틱한 풋사랑의 새싹이 자라기에 더없이 좋은 날이었다. 오래지 않아 친구들이 그녀를 만나러 왔다. 그런데 오늘은 그 가운데 낯선 얼굴이 보였다. 그 남자의 첫인상은 검은색이었다. 까만 옷, 까만 모자, 까만 머리칼과 까만 피부. 소녀는 온통 검은 아우라를 뿜어내는 낯선 사람에 대해 본능적인 경계심을 느꼈고, 친구들은 그녀의 불안함을 누그러뜨리려는 듯 이렇게 귀엣말을 했다.

"저 사람은 유망한 물리학자야. 겨우 스물두 살인데 벌써 대학에서 강의를 하고 있대. 대단하지 않니?"

하지만 라우라에게 그 말은 별 의미가 없이 들렸다. 자신보다 나이가 많은 사람은 죄다 늙은 사람으로 느껴지는 열여섯 소녀에게 자신보다 여섯 살이나 많은 사람은 충분히 '어른'의 범주에 드는 사람이었고, 그 정도면 어떤 업적을 이루고도 남을 나이라고 생각했기 때문이었다. 어쨌든 그 짧고 어색한 대면식이 지나가자 그들은 모두 어울려 전차를 타고 시외로 나갔다. 떡갈나무와 전나무의 그늘 아래서 속삭이듯 냇물이 흐르는 평화로운 들판에 도착하자 '검은 남자'가 말했다.

"이제 축구를 합시다"

뜻밖의 말이었다. 당시엔 여간한 말괄량이가 아니고서야 여자아이가 축구를 한다는 것은 상상하기 힘든 일이어서 라우라는 약간 당황했다. 하지만 축구는 이미 약속된 일인 듯 그녀를 제외한 친구들은 가방에서 미리 준비한 축구공을 꺼냈다. 무리는 순식간에 두 패로 나뉘어 축구 경기를 할 준비를 했고, 얼떨결에 검은 남자의 편으로 갈린 라우라는 풀이 죽어버렸다. 당황한 채 어쩔 줄 몰라 하는 그녀에게 검은 남자가 말했다.

"당신은 골키퍼를 맡아요. 그게 제일 쉬우니까. 공이 오면 무조건 잡기만 하면 됩니다. 혹시 공을 놓치더라도 걱정 마요. 어쨌든 내가 있는 편이 이길 테니까."

그의 말투는 거만했지만, 그 속에는 처음 축구를 해서 당황한 그녀를 배려하는 마음이 숨어 있었다. 하지만 경기는 그가 생각한 대로 진행되지 않았다. 열심히 뛰어다니던 그는 신발 밑창이 갑자기 빠져 덜렁댔고, 그 바람에 풀썩 넘어지고 말았던 것이다. 넘어진 그의 몸을 타고 공이 골대로 날아왔다. 라우라는 당황했지만, 어쨌든 공을 막는 데는 성공했다. 넘어진 남자는 떨어진 신발 밑창을 끈으로 묶으면서 이 장면을 지켜보는 데 만족해야 했다. 그래도 라우라의 활약(?)으로 그의 편이 이기기는 했으니, 결과적으로는 그의 예언이 맞아떨어진 셈이다. 이 우스꽝스러운 축구 경기가 이후 평생의 반려자로 만나게 될 엔리코 페르미와 라우라 카폰의 첫 만남이었다. 훗날 라우라의 말에 의하면 "내가 그보다 잘할 수 있었던 유일한 순간"이었다.

교수와 학생으로 이어진 인연

하지만 그날 오후 둘의 만남은 로맨스로 이어지지 않고 그대로 종료된다. 서로 각자의 자리로 돌아가 자신의 삶을 살던 그들의 인생이 다시 접점을 찾기 위해서는 2년의 시간이 더 필요했다. 여기서도 무솔리니는 본의 아니게 둘의 로맨스를 성사시키는 의도치 않은 조연으로 등장한다. 1926년 여름, 더위를 피해 프랑스 알프스 산맥의 그림 같은 별장에서 여름휴가를 보내리라 계획했던 라우라와 가족들은 무솔리니가 제시한 새로운 통화 정책으로 인해 이탈리아를 떠날 수 없게 된다. 당시 무솔리니는 파시즘적 정책의 일환으로 국제적 화폐 교류를 엄격하게 금지했는데, 이로 인해 이탈리아 화폐인 리라를 휴가지에서 사용할 프랑스 화폐로 바꿀 수가 없어서 외국 여행을 포기해야만 했던 것이다. 왜 국가가 개인의 휴가 계획까지 훼방을 놓는지 이해할 수 없는 라우라는 툴툴

1954년경 엔리코와 라우라 페르미. 두 사람은 스승과 제자이자 좋은 연인이었고, 훌륭한 동반자였다.

거렸지만, 상황을 바꿀 수는 없었다.

로마의 여름은 그늘에서도 40도가 넘을 정도로 매우 덥다. 계획이 틀어졌다고 그대로 로마에 눌러앉을 수는 없었다. 결국 라우라와 가족들은 프랑스 대신 이탈리아 북부 발 가르데나Val Gardena로 발길을 돌렸다. 그리고 라우라는 그 지역에 사는 수학자 귀도 카스텔누오보Guido Castelnuovo, 1865~1952의 저택에 역시 피서차 들른 엔리코 페르미와 다시 만나게 된다.

앞서 말했듯 이탈리아의 여름은 길고 덥다. 라우라와 엔리코는 등산을 하거나 결국은 입씨름으로 끝나는 잡담을 나누면서 그 긴 여름을 함께 보내는 사이 서로에 대한 호감이 점점 싹트게 된다. 둘의 인연은 여름이 끝나고도 계속 이어진다. 페르미는 로마 대학교의 물리학 교수로 부임하고, 라우라는 같은 대학의 학생으로 입학하는 일이 벌어진 것이다. 라우라는 일반과학과 과정으로 입학했기 때문에 페르미가 가르치던

물리학 수업을 들어야 했다. 하지만 그들의 사이는 언제나 허물없는 친구 혹은 공식적인 사제 관계 이상으로 발전되지는 않았다. 적어도 겉으로 보기에는. 그렇게 한 해가 흘러갔다.

자동차와 아내 사이에서 고민한 남자

1927년의 어느 날, 페르미는 친구들에게 이렇게 말했다.

"조만간 상식에 벗어난 짓, 그것도 엄청난 짓을 저지를 것 같은 기분이 들어."

페르미가 말한 상식에 벗어난 엄청난 짓이란, 둘 중 하나였다. 자동차 구입 또는 결혼. 그리고 얼마 뒤, 페르미가 엄청나게 시끄럽고 요란한 노란색 프랑스제 푸조 자동차를 구입했다는 소식이 들려오자 은근히 기대하고 있던 라우라는 낙담했다. 자신에 대한 믿음과 신념이 확고한 페르미가 결혼과 자동차 중에서 자동차를 선택했으니, 이는 곧 아내를 얻는 것은 포기한다는 뜻이었다. 물론 페르미가 평소 생각하는 아내의 조건이 매우 까다로웠으니, 그가 결혼을 선택했다고 해도 조건에 맞는 아가씨를 찾는 일은 꽤 어려웠을 것이다. 페르미는 평소 단호하고 확신에 찬 어조로, 자신의 이상형은 키가 크고, 운동을 좋아하고, 힘센 시골 출신에다 종교가 없는 아가씨라고 말한 바 있었다. 여기에 금발이면 더 좋고! 라우라는 페르미의 이상형을 잘 알고 있었다.

하지만 고의인지 실수인지 큐피드의 화살은 늘 빗나가기 마련 아닌

가. 더없이 합리적이고 이성적인 심장과 두뇌를 가졌다고 자부하는 페르미조차도 이 조그맣고 벌거벗은 꼬마의 '빗나간 화살'을 피할 수는 없는 모양이었다. 요란한 색깔의 자동차를 구입하는 엄청난 짓을 저지른 페르미는 거기에 그치지 않고 아내를 얻는 더욱더 엄청난 일까지 감행했다. 페르미가 구혼한 여성은 평소 그의 지론과 전혀 다른, 즉 키가 크지도 튼튼하지도 않으며, 도시 토박이인 데다가 운동에도 별 관심 없는 유대계 소녀 라우라 카폰이었다. 게다가 그녀의 머리카락은 금발도 아니었다.

행복한 시절

1928년 7월 19일, 기온이 40도가 넘는 무더운 여름날이었다. 허례허식을 싫어하는 페르미는 종교적 의례를 생략한 채 시청에서 결혼 서약을 하고 사진을 찍는 것으로 결혼식을 마쳤다. 대신 그는 획기적인 신혼여행을 기획했다. 그들은 비행기를 타고 신혼여행을 떠나는 것으로 결혼 생활을 시작했던 것이다. 당시 이탈리아에서 최초로 여객기가 등장한 것은 겨우 2년 전으로, 대부분의 사람들이 비행기를 타기는커녕 본 적도 없을 때였다. 그랬기에 비행기 여행의 안전성에 대한 우려도 높았다. 하지만 페르미는 얼리 어답터이자 기계광답게 비행기 여행을 택하는 것을 망설이지 않았다. 실제로 그는 평생 동안 다양한 기계들과 새로운 발명품에 열광하는 모습을 보여주었다. 그는 매우 검소해서 가구나

옷에 대해서는 거의 관심이 없었지만, 당시로서는 최신 문물이었던 진공청소기와 냉장고, 텔레비전 등을 그의 집 안에서 찾는 것은 어려운 일이 아니었다.

그들의 신혼여행은 매우 길었다. 비행기를 타고 제노바에 도착한 부부는 여름 내내 알프스 이곳저곳을 도보로 여행하며 시간을 보냈다. 그리고 그는 사랑의 밀어를 나누기에도 모자랄 그 기간 동안 아내에게 물리학을 가르쳤다. 이전까지 그들의 공식적 관계였던 사제지간을 포기할 생각이 그는 없었던 모양이다.

페르미는 뛰어난 선생이었다. 실제로 그는 '훌륭한 선생은 학생 탓을 하지 않는다'고 믿고 있었고, 그 믿음에 걸맞게 정말로 기라성 같은 제자들을 길러내기도 했다. 하지만 선생으로서의 그의 능력으로도 실패한 유일한 케이스가 바로 그녀의 아내 라우라였다. 라우라의 지적 능력이 떨어지는 건 아니었는데, 페르미가 갖은 수단을 동원해 가르쳐도 그녀는 가르치는 대로 따라오지 않았다. 결국 아내를 학생으로 대하려고 했던 페르미의 노력은 허사가 되었지만, 부부는 곧 사제지간보다 더욱 효율적인 관계를 찾아내 타협에 이른다. 그건 페르미가 구술하는 내용을 라우라가 받아 적어 보통 사람들이 이해할 수 있는 물리학 교재를 만드는 것이었다.

페르미의 기억력과 천재적 두뇌는 핵심적인 내용만을 간단하고 건조한 단어들로 제시하는 데 익숙했지만, 그 방식이 모두에게 통하는 것은 아니었다. 그에게 있어서는 지나치게 명백하고 명료한 사실들이 보통 사람들에게는 이해할 수 없는 어려운 문제로 남는 경우가 많았기 때문이었다. 그런 점에서 아내 라우라는 그의 좋은 짝이었다. 라우라는 비록 학업을 다 마치지는 못했으나 로마 대학교에서 물리학과 화학의 기초를 공부한 데다가 글솜씨도 빼어났다. 게다가 본인이 잘 모르겠거나 보통 사람들이 이해하기 어렵다고 판단되는 것들을 천재인 남편에게 주눅 들지 않고 끈질기게 물고 늘어지기를 잘했다. 이러한 장점을 갖춘 라우라는 페르미의 진술을 책으로 엮어내는 데 더없이 좋은 동반자였다.

아름답게 햇살이 부서지는 오후, 부부는 별장 안에 놓은 조그만 탁자 앞에서 혹은 시원한 나무 그늘 아래 기대앉아 책을 쓰곤 했다. 비범한 기억력의 소유자였던 페르미는 늘 참고 문헌을 뒤적이는 법 없이도 막힘없이 물리학 이론들을 쏟아냈고, 라우라는 천재 물리학자의 입에서 쏟아져나오는 암호를 일상의 언어들로 바꾸어 종이에 적어 내려갔다. 달콤한 밀어와 사랑의 세레나데 대신 복잡한 방정식과 수학적 기호들로 대화하는 것, 그것이 이들의 사랑법이었다.

역사적 소용돌이 속에 서다

결혼 후, 로마 대학교에 자리 잡고 종신 교수가 된 페르미는 곧 이탈리아 물리학계의 신성新星이자 거성巨星이 되어갔다. 그의 주변에는 엔리코 페르시코Enrico Persico, 1900~1969, 프랑코 라세티Franco Rasetti, 1901~2001, 에도아르도 아말디Edoardo Amaldi, 1908~1989, 에밀리오 세그레 등의 젊고 유능한 과학자들이 모여들었고, 이론과 실험에 모두 능한 페르미는 이들과 교류하며 물리학계에 큰 획을 그을 만한 이론과 실험들을 착착 성공시켰다. 1933년 중성미자(뉴트리노)를 등장시킨 베타붕괴이론을 발표해 양자역학의 한 축을 세웠고, 중성자를 원자핵에 충돌시켜 인공 방사능을 유도하는 데 성공했다. 심지어 중성자 충돌 실험을 통해 이전에 자연계에는 존재하지 않는 물질을 인류 최초로 만들어내는 데도 성공했다. 1934년까지 페르미와 동료들은 중성자에 대해 발표한 논문만 25편에 이를 정도로 왕성한 연구 성과를 자랑했으며, 느린 중성자를 통해 연쇄핵분열을 일으키는 방법을 찾아내기도 했다.

이처럼 원자물리학 분야에서 페르미가 새로운 역사를 써 내려가는 동안 현실의 정치와 사회는 전혀 다른 방향으로 흘러가고 있었다. 독일과 동맹을 맺은 이탈리아는 1938년 7월 14일 '인종 선언Manifesto della Razza'을 발표하고는 노골적인 인종주의와 유대인 배척 정책을 천명했다. 당시 유럽 대부분의 나라에서 그랬듯이 이탈리아에서도 유대인이 이탈리아인과 평등하게 대우받았다고 말하기는 어려웠다. 셰익스피어가 살던 시대를 다룬《베니스의 상인》의 주인공 샤일록에 대한 묘사에서도 드러나듯이 유대인에 대한 편견은 늘 존재해왔다. 그러나 적어도 유대인을 완전히 고립시키거나 배척하는 시도가 표면화되지는 않았었다.

1938년 여름 이후 모든 것이 달라져버렸다. 유대인은 뭔가 껄끄럽지만 그래도 같이 어울려 살아야 하는 이웃에서 결코 상종해서는 안 될 불가촉천민이자 없애버려야 하는 해충 같은 존재로 격하되었다. 이어 그

페르미가 디자인한 핵분열 연쇄 반응로. 그에 의해 원자력 시대가 열리게 되었다.

해 9월 '유대인 추방법'이 의회에서 통과되면서 하루가 다르게 배척의 정도는 높아갔다. 처음에는 단지 유대인과 타 인종 간의 결혼을 금지하는 정도였지만, 점차 유대인 선생과 유대인 아이 들은 학교에서 밀려났고, 유대인들이 만든 회사는 강제로 폐업되는 지경에 이르렀다. 결국 이 조치는 모든 유대인의 시민권을 박탈하고 여권을 회수하는 데까지 이어졌다.

다행히 가톨릭을 믿는 이탈리아인 부모 밑에서 자라난 '완벽한' 이탈리아 시민인 페르미는 문제가 없었다. 하지만 그의 아내인 라우라는 달랐다. 그녀의 몸속에 흐르는 피는 유대인의 것이었다. 비록 그녀가 유대교식 종교 행사에 참여하지도 않고, 스스로 유대인도 아리안족도 아닌 그저 '이탈리아인'이라는 정체성을 가지고 있다는 것은 이 시절에는 아무런 방패막이가 되어주지 못했다. '인종 선언'에서는 개인이 이탈리아 시민이라는 자각 의식이 얼마나 강력한지보다는 오로지 그들의 몸속에 흐르는 유대인 조상의 피의 비율만을 고려했기 때문이었다.

페르미는 이대로 있다가는 유대인의 피가 흐르는 아내의 신변에 문제가 생길지도 모른다는 조바심이 났다. 그 조바심은 페르미에게 고국을 떠나야 한다는 결심을 더욱 굳히게 해주었다. 오래전부터 그는 파시즘이 주장하는 규제와 차별 정책에 진력나 있던 참이었다. 부모님마저도 모두 돌아가신 뒤였기에 떠나는 데 큰 걸림돌은 없었다. 페르미는 조심스럽게 미국의 대학 여러 곳에 자신을 받아줄 의사가 있는지를 타진하며 떠날 채비에 들어갔다. 그를 받아줄 곳을 구하는 것은 어렵지 않았다. 이제 막 성장하는 젊은 나라 미국의 과학계는 젊은 천재 물리학자의 이주를 기꺼이 환영했으니까. 문제는 어떻게 그곳까지 가느냐는 것이었다. 미국은 멀었다. 게다가 '유대인'이라는 낙인이 찍힌 여권에는 이탈리아를 떠날 수 있는 비자가 허락되지 않았다. 유대인을 배척하고 밀어내면서도 정작 그들이 이 땅을 떠나는 것은 허락하지 않는 미친 짓이 아무렇지도 않게 이루어지던 시절이었다.

스톡홀름에서 걸려온 한 통의 전화

하루하루 살얼음판을 걷는 듯한 그들에게 결정적 기회가 찾아왔다. 1838년 11월의 어느 날, 스톡홀름으로부터 한 통의 전화가 걸려온 것이다. 중성자 충돌로 만들어진 새 방사성 원소의 확인 및 느린 중성자에 의한 원자핵 반응의 발견 공로로 페르미가 제38회 노벨 물리학상 수상자로 선정되었다는 전화였다. 그들은 뛸 듯이 기뻤다. 물론 노벨상의 주인공이 된다는 사실 자체도 기뻤지만, 스웨덴의 스톡홀름에서 열리는 시상식에 참석한다는, 아주 공식적이고 합법적이며 남들의 의심을 사지 않으면서도 이탈리아를 떠날 수 있는 핑곗거리가 생겼기 때문이기도 했다. 게다가 상당한 액수의 노벨상 상금은 그들이 새로운 땅에 뿌리내리는 데 있어 귀중한 버팀목이 되리라.

이탈리아와 동맹국이었던 독일은 자국의 노벨상 수상자들에 대해서 강제 거부권을 행사했지만, 아직까지 이탈리아에는 노벨상의 영예에 대한 합의가 남아 있었다. 그래서 1938년 12월 6일, 페르미와 아내 라우라, 그리고 이 부부의 여덟 살 난 딸 넬라와 세 살 된 아들 줄리오는 여행 허가를 받고 스톡홀름으로 가는 열차에 몸을 실었다. 자신들이 태어나고 자랐으며, 사랑하고 살아오던 이탈리아 땅에 꽤 오랫동안—어쩌면 평생 동안— 돌아오지 못할 것이라는 사실을 가슴속 깊이 숨기고서.

페르미의 이탈리아 탈출은 사랑하는 가족을 위한 행동이었지만, 그의 행동에 찬성하지 않는 사람들도 있었다. 그는 가장인 동시에 과학을 연구하는 과학자이자, 학생들을 가르치는 교수자였다. 그랬기에 누군가는 그의 가르침을 바라고 찾아왔던 제자들을 두고 떠나는 것을 일종의 배신이라고 말하기도 했다.

자신을 따르는 제자들과의 의리를 지켜야 하는 교수의 의무, 가족에 대한 사랑과 나라에 대한 사랑 사이에서의 저울질……. 복잡한 선택의 기로에서 페르미는 가족을 선택했다. 덕분에 페르미는 제자들과의 신의를 저버리고 자신이 태어난 조국의 국적을 포기한 인물로 비쳐졌다. 게다가 '적국'을 위해 충성을 바친 일종의 배신자로 받아들여지기까지 했다. 당시는 많은 사람들에게 이처럼 모순된 의무와 사랑 속에서 하나의 선택을 강요받던 시기였다. 페르미에게 있어서는 그 어떤 가치관보다 아내와 아이들의 안전이 중요했고, 그는 자신의 선택을 후회하지 않았다. 이 선택은 훗날 중요한 역사적 변수로 작용한다. 아내에 대한 사랑으로 미련 없이 조국을 버린 페르미의 선택은 연합국 측이 원자 폭탄 개발을 성공하게 만든 중요한 키포인트로 작용했으니 말이다.

적국인이 샘 아저씨를 위해 일하다

뭔가를 숨기는 사람들이 그렇듯, 온갖 불안함과 긴장감을 억누르고 겉으로는 평온한 표정을 짓느라 안간힘을 쓰면서 페르미 일가는 미국 땅에 무사히 발을 디뎠다. 이민국 심사대 앞에 선 '검은 남자'에게 심사원은 늘 하던 대로 일상적인 질문을 던졌다.

"29 나누기 2는 얼마입니까?"

당시 미국 입국 비자를 얻기 위해서는 간단한 암산이나 상식 문제를 푸는 테스트를 통과해야만 했다. 20세기 초반, 서구 사회에서는 우생학이 매우 유행했다. 많은 나라들이 다양한 우생학적 정책을 거리낌 없이 실시했는데, 그중에는 널리 알려진 나치의 '인종 위생Rassenhygiene' 정책이나 페르미에게 고국을 떠날 마음을 심어준 '인종 선언'처럼 노골적인 인

어니스트 로렌스와 이사도르 아이작 라비와 찍은 사진. 맨해튼 프로젝트에 적극 관여한 페르미(가운데)는 전쟁을 끝낸 동시에 핵무기 개발에 책임이 있는 셈이다.

종 차별 정책도 있었다. 많은 나라에서 소위 '신사협정'이라는 명목을 내걸고 실시했던 이민자 차별법도 존재했다. 당시에는 지능과 행동 양식도 유전적 결과이므로, 낮은 지능과 사회적으로 저급한 행동—알콜 중독, 범죄, 매춘 등— 역시도 전적으로 개인의 기질이나 유전적 특성 때문이라 믿었던 시기였다. 우생학에 대한 믿음은 '자유의 나라' 미국에서도 예외는 아니어서 미국으로 들어가는 입국 허가를 받기 위해서는 자신의 지능이 적어도 '상식적인 수준'은 된다고 증명하는 과정이 필요했다. '10년에 한 번 나올까말까 한 천재'로 불렸던 페르미도 예외는 아니었다. 시대를 앞선 천재 물리학자가 진지한 표정으로 심사원 앞에 서서 간단한 산수 문제의 정답을 말하는 모습은 시대가 낳은 아이러니이자 웃지 못할 코미디의 한 장면이었다. 어쨌든 페르미의 뛰어난 실력(?)

의 결과로, 이들은 미국 땅을 밟을 수 있었고, 페르미의 말마따나 "미국에 페르미 일가의 가지를 치는" 데 성공했다.

페르미는 사전에 조율했던 대로 콜롬비아 대학교에 일자리를 얻어 자신이 애초부터 하던 일을 장소와 사람들을 바꾸어 다시 시작했다. 그리고 몇 달 지나지 않은 1939년 9월 1일, 인류 역사상 가장 많은 물질적 피해와 가장 많은 희생자를 만들어낸 제2차 세계대전이 일어났다. 그즈음, 미국의 대통령 프랭클린 루스벨트에게 한 통의 편지가 날아왔다. 훗날 역사가들이 '아인슈타인-실라르드 편지'라고 이름 붙인 편지로, 헝가리 출신으로서 역시 미국으로 망명한 물리학자 실라르드 레오가 초안을 작성하고, 에드워드 텔러와 유진 위그너가 보완했으며, 마지막으로 아인슈타인의 서명이 더해진 짧은 편지였다. 그들은 과학자답게 간결하지만, 힘찬 목소리로 이렇게 말하고 있었다.

"인류는 역사상 처음으로 태양에서 오지 않는 강력한 에너지를 사용하게 될 것입니다."

그리고 그들은 핵분열 현상을 이용해 만들 수 있는 강력한 살상 무기, 즉 원자 폭탄의 현실화 가능성과 함께 나치 독일이 이를 개발할 가능성에 대한 두려움을 편지에 담았다. 이 편지는 대통령의 마음을 움직였고, 결국 이는 인류 역사상 최대 규모의 과학 연구 프로젝트, '맨해튼 프로젝트'의 발단이 되었다.

20세기는 누구나 인정하듯 천재 물리학자들의 격전장이었다. 엔리코 페르미를 비롯해 베르너 하이젠베르크, 닐스 보어, 콘라트 뢴트겐, 막스 플랑크, 오토 한, 리제 마이트너, 에르윈 슈뢰딩거Erwin Schödinger, 1887~1961, 폴 디랙, 제임스 채드윅, 퀴리 일가, 아서 콤프턴, 그리고 과학자의 대명사가 된 아인슈타인까지……. 그러나 이들이 속한 사회와 그 사회가 따르는 이념은 이들이 과학에 대한 열정으로 가득 찬 삶을 사는 것만으로 만족하게 놓아두질 않았다. 두 번의 세계대전과 제국주의의 확장, 극단적 민족주의와 맹목적 애국심의 강요는 이들에게 가족을 잃고 조국이 식민지가 되는 아픔을 맛보게 했다. 또한 원치 않던 살상 무기 개발로 내몰리며 과학자이기 이전에 인간으로서의 도리에 대해 고민하게 만들었다.

페르미 역시도 이 역사의 소용돌이에 휘말린 과학자 중의 하나였다. "원자 물리학 연구에 있어서만큼은 페르미보다 뛰어난 인물은 없다"라는 찬사와 함께, 미국의 '적국'이었던 이탈리아 출신이라는 모순적 상황에 놓여 있던 페르미는 '샘 아저씨Uncle Sam(미국 정부의 애칭)'를 위해 매우 중요한 일을 담당하고 있었다. 그런데도 일주일 전에 허가를 얻지 못하면 연구소가 있는 지역으로 여행을 떠날 수도 없었고, 단파 라디오와 쌍안경과 카메라도 소유할 수 없었다. 뿐만 아니라, '적국인은 하늘로 오르는 일체의 행위를 할 수 없다'는 규정에 묶여 뉴욕에서 시카고까지 1,300여 킬로미터에 이르는 먼 길을 비행기 대신 온종일 기차를 타고 오가야 했다. 결국 그가 정말로 중요한 인물이라는 결론에 도달한 미국 정부가 영구 여행 허가증을 발급하고 시카고 이주를 허가한 후에야 페르미의 생활은 겨우 안정권에 접어들었다. 하지만 그 모든 귀찮은 규제와 제한 조치들에 묶여 있으면서도 페르미는 거의 불평하지 않았다.

시카고에서, 페르미 가족의 삶은 분리되었다. 지독하게도 규칙적이고 원칙주의자였던 페르미는 비밀 보장 엄수에 대한 약속을 지키느라 가족들에게 자신이 하고 있는 일이 정확히 무엇인지 알리지 않았다. 당시의 시대적 상황을 읽어낼 줄 알았던 라우라 역시도 남편이 말하지 않고 있는 것을 굳이 물으려 하지 않았다. 그들이 시카고에서 보낸 몇 년 동안 무슨 일이 있었는지 그녀가 알게 된 건 전쟁이 모두 종식된 뒤였다. 어느 날 저녁, 페르미는 출판 허가가 난 '스미스 보고서Smyth report'를 가져왔고, 무심하게 라우라에게 그것을 전해주었다. 온갖 전문 용어가 난무하는 보고서 사본과 며칠을 씨름하고 난 뒤에야 라우라는 전쟁 동안 그녀의 남편과 그 동료들이 무슨 일을 했었는지를 깨닫게 되었다.

이탈리아인 항해사의 성공

원자 폭탄의 기본 원리는 우라늄-235 혹은 플루토늄-239와 같은 방사선 물질에 중성자를 충돌시켜 일어난 핵분열을 충분한 출력을 가질 수 있도록 연쇄 반응을 일으키는 데 있었다. 중성자를 원자핵에 충돌시키면 핵분열을 일으킬 수 있다. 아인슈타인의 유명한 공식 $E=mc^2$에 의해 이 과정에서 엄청난 에너지가 발생하지만, 원자는 극히 미세한 존재이기 때문에 이것이 실질적 위력을 가지기 위해서는 핵분열이 단발로 그칠 것이 아니라, 연쇄적으로 일어나야 한다.

페르미는 중성자를 느리게 쏘아 핵분열을 일으키면 원자가 쪼개지면서 발생하는 그 자체의 중성자가 다시 주변 원자핵들과 충돌해 핵분열을 일으키는 연쇄 반응을 유도할 수 있을 것이라 여겼다. 페르미는 이때 발생하는 중성자를 적절하게 흡수하고 증폭시킴으로써 반응의 속도와 정도를 조절할 수 있는 '원자로'를 고안했고, 이를 성공시키기에 이른다. 원자핵이 지닌 에너지를 터뜨리고 조절해서 원하는 만큼의 출력을 만들 수 있다는 것은 원자핵이 가진 무궁무진한 힘이 인간의 손아귀에 들어왔다는 것을 뜻했다. 그리고 이를 통해 인류의 에너지원 리스트에 하나를 더 추가할 수 있을 뿐 아니라, 어마어마한 위력을 가진 살상무기의 현실화 역시도 꿈이 아님을 증명한 것이었다. 1942년 페르미가 인류 최초로 원자로 가동에 성공한 날, 이 실험을 총괄했던 아서 콤프턴은 정부에 전화를 걸어 이렇게 전했다.

"이탈리아 항해사가 신세계에 도달했습니다."

"원주민의 반응은 어떻던가요?"

"대단히 우호적이라고 합니다."

인류를 원자력 시대라는 새로운 대륙에 도달하게 해준 항해사, 그가 바로 엔리코 페르미였다.

다시 연구자로 되돌아가다

그 이후의 일은 잘 알려져 있다. 페르미를 비롯해 기라성 같은 학자들의 두뇌와 정부의 전폭적인 지지로 인해 인류 최악의 무기인 원자 폭탄이 등장했고, 히로시마와 나가사키에서 그 엄청난 위력을 선보였다. 그리고 이제 인류는 스스로를 모조리 멸망시키고도 남을 만큼의 핵탄두를 보유하게 되었다.

물론 핵분열에 대한 연구가 꼭 부정적인 면만 있는 것은 아니다. 전 세계의 원자력 발전소에서 생산되는 전기로 더 많은 이들이 전기 문명의 혜택을 누리고 있는 것도 사실이니까.

하지만 전쟁이 끝난 후, 그 과정의 주역이었던 과학자들의 행보는 많이 알려져 있지 않다. 그들은 미친 히틀러의 손에 핵무기가 쥐어지는 것을 막고, 전쟁을 빨리 끝내 인명 피해를 줄이기 위해 안간힘을 썼으나 자신들의 연구 결과가 끔찍한 살상 무기로 재현된 현실에 경악했다. 원자 폭탄으로 인해 물리적 전쟁에서는 이겼으나 이들의 마음속에는 엄청난 상흔이 남게 된 것이다.

이와 같이 상처를 입은 과학자들 중에는 이를 받아들이지 못해 스스로 망가지는 이들이 많았다. 그들은 다른 목소리를 내지 못하도록 사회로부터 배척되기도 했다. 페르미 역시도 마음의 상처를 입은 것은 분명했다. 하지만 어린 시절부터 그는 불만을 터뜨리고 엇나가기보다는 묵묵히 참고 견디는 것에 익숙한 인물이었다. 전쟁이 끝난 후, 그는 시카고 대학교에 자리를 잡고 연구자이자 교수자의 본모습으로 돌아갔다. 페르미의 명성은 한층 드높아져서 멀리서도 그를 흠모하는 젊은 물리학자들이 그의 곁으로 대거 몰려들었다. 이제 중년의 나이에 접어든 페르미는 더 이상 이탈리아에서처럼 신성은 아니었지만, 그때보다 더욱 빛나는 거성이 되어 있었다.

페르미의 제자들 중에서 노벨상 수상자가 여섯 명이나 탄생했다. 로마에서부터 페르미와 인연이 있었던 에밀리오 세그레Emilio Gino Segrè, 1905~1989(1959년 노벨 물리학상)는 물론이거니와 오언 체임벌린Owen Chamberlain, 1920~2006(1959년 노벨 물리학상), 중국계 유학생이었던 양전닝楊振寧, 1922~(1957년 노벨 물리학상)과 리정다오李政道, 1926~(1957년 노벨 물리학상), 머레이 겔만Murray Gell-Mann, 1929~, 잭 슈타인버거Jack Steinberger, 1921~(1988년 노벨 물리학상) 등이 그 주인공들이다. 이 밖에도 유수한 물리학자들이 그의 휘하를 거쳐갔다. 로마를 떠날 당시 '나를 믿고 따랐던 제자들을 배신했다'는 깊은 부채 의식을 페르미는 훌륭한 제자들을 더 많이 키워냄으로써 어느 정도 털어버리길 바랐는지도 모른다.

아내에게서 자서전을 헌사받은 남편, 페르미

1954년 여름, 페르미는 뭔가 잘못되었다는 것을 깨닫는다. 걷는 것이 힘들었다. 젊었을 적의 그는 "내 심장은 신이 특별 주문 제작해서 숨이 차지 않는다"는 말을 공공연하게 하고 다닐 정도로 체력이 좋았다. 동료들과 등산을 가면 지친 동료들의 짐까지 얹은 가장 무거운 배낭을 짊어지고서도 늘 맨 앞에서 질주하듯 산을 타던 그였다. 비록 나이는 들었으나 얼마 전까지는 체력이 젊은이 못지않던 그가 갑자기 간단한 산책조차 힘들어졌다는 건 분명 문제가 있다는 것이었다.

그리고 얼마 뒤, 페르미는 몸 안에 암세포가 자라고 있다는 사실을 알게 되었다. 이미 손댈 수조차 없을 만큼 전이된 상태라 남은 삶은 기껏해야 몇 주 정도라는 소식과 함께 말이다. 아마도 연구 과정에서 지나치게 노출된 방사능 때문이리라. 하지만 페르미는 죽음을 앞두고서도 끝까지 물리학자의 면모를 버리지 못했다.

그의 제자였던 에밀리오 세그레가 황망한 소식을 듣고 그가 입원한 병원을 찾았을 때의 일이었다. 짧은 기간 동안 갑자기 늙어버리기라도 한 듯 수척해진 페르미는 병원 침대에 누워서도 스톱워치를 들고 자신의 몸속으로 주입되는 정맥 주사액의 방울 수를 세서는 영양분과 수분 공급량을 측정하는 데 몰두하고 있었다. 페르미는 늘 그랬다. 주변의 뭔가를 늘 관측하고 측정하고 수치화했다. 나무의 높이, 건물과의 거리를 잴 때는 그는 자신의 엄지손가락을 측정 기구 대신 이용해 어림치를 추산했고, 트리니티 테스트(최초의 원자 폭탄 폭발력 테스트) 시에는 베이스캠프까지 바람이 도달한 시간과 종잇조각이 날리는 패턴을 통해 원자 폭탄의 위력을 추정하기도 했었다. 페르미는 그걸 즐겼다. 이후 어떠한 문제에 대해 기초적인 지식과 논리적 추론만으로 짧은 시간 내에 대략적인 근사치를 추정하는 사고 과정에 '페르미 추정Fermi Estimate'이라는 이름이 붙은 것은 이 때문이다.

페르미는 죽기 직전까지 페르미다웠고, 그가 원했던 묘비명까지도 그랬다. 그는 암 선고를 받고 몇 달 지나지 않은 1954년 11월 29일에 사망했으며, 그의 무덤 앞 묘비에는 이런 비문이 새겨졌다.

엔리코 페르미

1901~1954

물리학자

매우 간단하지만, 이보다 더욱더 그를 잘 나타낼 수 있는 단어는 없는 듯했다. 뼛속까지 철저한 물리학자였으나, 아내를 위해 조국을 버린 남자 페르미. 아내에 대한 그의 사랑은 라우라로 하여금 병상의 남편에게 주는 마지막 선물, 《원자가족, 엔리코 페르미와 함께한 나의 삶》이라는 책을 쓰는 원동력이 되기도 했다. 아내에게서 자서전을 헌사받은 남편이라니, 이들의 사랑을 말하는 데 그것만으로도 충분하지 않은가!

라우라 페르미는 이 책을 시작으로 본격적으로 작가로 데뷔해서 《세계를 위한 원자Atoms for the World:United States participation in the Conference on the Peaceful uses of Atomic Energy》(1957), 《무솔리니Mussolini》(1961), 《원자력 에너지의 이야기The story of Atomic Energy》(1961), 《갈릴레이와 과학 혁명Galileo and the Scientific Revolution》(1961) 등의 다양한 저술 활동을 통해 과학 작가로서의 면모를 발휘했으며, 1977년 남편의 곁으로 떠났다.

참고 문헌

- 라우라 페르미, 《원자가족: 원자 시대를 연 페르미와 더불어》 상/하, 양희선 옮김, 전파과학사, 1977.
- 댄 쿠퍼 지음, 〈옥스퍼드 위대한 과학자 시리즈〉 중 《현대물리학과 페르미》, 승영조 옮김, 바다출판사, 2002.
- 박병소, 《원자력 세계를 연 과학자들》, 한국원자력문화재단, 2001.
- 송성수, 〈천 개의 태양보다 더 밝다, 엔리코 페르미〉, 《기계저널》 제48권 1호, 2008.
- 오원근, 〈과학자의 생애 분석을 통한 과학연재 판별 준거-페르미 편〉, 한국연구재단 연구성과물, 2005.
- 위키피디아 페르미 https://en.wikipedia.org/wiki/Enrico_Fermi
- The Fermi Effect http://fermieffect.com/

Scientists In Love

곰베 안에서 휴고는 최고의 연인이었다. 그녀는 제인과 함께 곰베에 머무르며
그곳에서 행복을 찾을 수 있는 흔치 않은 남성 중 한 명이었다.
어쩌면 그는 열대림 속에서 아름다운 제인을 보호하는 타잔이 되고 싶었는지도 모른다.
아쉽게도 그가 선택한 제인은 그의 보호가 필요하지 않은 여성이었다.

chapter

04

타잔이 아닌 제인의 남자 친구

제인 구달 & 휴고 반 라윅

홍승효

글쓴이 **홍승효**

서울대학교 생물학과를 졸업하고 동 대학원에서 국내에서는 최초로 진화심리학으로 석사학위를 받았다. 졸업 후 출판사에서 과학 책 만드는 일을 했으며, 제약 회사와 리서치 전문 업체를 거쳐 현재는 과학 서적을 번역하는 일을 하면서 사람에 대한 탐구와 글에 대한 애정을 조화시킬 수 있는 방법을 모색 중이다.
《살인의 진화심리학》(공저)을 썼고 《이웃집 살인마》, 《공감 제로》, 《희망의 씨앗》(공역), 《인간적인, 너무나 인간적인 뇌》를 번역했다. 텔레비전 다큐멘터리 〈과자에 대해 알고 싶은 몇 가지 것들〉의 대본을 집필하기도 했다.

유명인의 연애사를 살펴보는 경험

제인 구달Jane Goodall, 1934~은 침팬지 연구에서 독보적인 업적을 이룬 동물학자이자 여든이 넘은 나이에도 활동을 계속하고 있는 열렬한 환경 운동가이다. 맨 처음 제인 구달의 연애에 대한 원고를 의뢰받았을 때, 나는 적잖이 망설였다. 그녀가 아직도 왕성한 활동을 펼치고 있는 살아 있는 인물이라는 점이 부담스러웠고, 혹시나 그녀의 업적이 연애라는 사생활에 묻혀 가려지거나 흠집이 나지는 않을까 소심한 걱정이 들기도 했다. 의뢰를 승낙하고 자료를 조사하면서 이러한 걱정 중 상당 부분은 기우로 드러났지만, 아직도 그녀의 이야기를 전할 때 어딘가 조심스러운 마음이 완전히 사라지지 않는다.

나는 제인 구달의 연애에 운명적이라거나 극적이라는 수식어를 붙이고 싶지는 않다. 사실 세상에 운명이 아닌 사랑이 어디 있으랴. 짧든 길든 모든 사랑이 운명이라면 운명이고, 드라마라면 드라마다. 결혼으로 이어진 두 번의 연애도 분명 제인에게는 피할 수 없는 운명이고 한 편의 드라마였을 것이다. 그럼에도 내가 조심하게 되는 건 80년이 넘는 그녀의 긴 인생에서 남녀 간의 사랑이 얼마만큼의 비중을 차지했을지 자신있게 가늠할 수 없는 까닭이다. 적어도 야생 동물에 관한 연구 측면에서만 생각한다면, 나는 그녀의 인생에서 연애를 지워버려도 그녀가 지금에 버금가는 많은 업적들을 쌓았을 것이라고 확신한다. 그러나 침팬지를 연구하던 과학자에서 환경 운동가로 새롭게 변신한 제2의 인생에서는 사랑이 주는 기쁨과 환희, 부모로서의 경험, 이별의 상처와 아픔의 시간들이 새로운 인생 항로를 택하고 꿋꿋이 자신의 길을 걸어갈 수 있는 소중한 밑거름이 되었을 것이라고 생각한다.

이 글에서 가장 비중 있게 다루고 있는 첫 번째 남편 휴고Hugo van Lawick, 1937~2002와의 연애는 분명 제인의 삶에 적지 않은 영향을 끼쳤다. 자연에 대한 사랑에 기반을 둔 둘의 관계는 서로에게 정서적인 안정감을 주었고, 학문적인 부분에서도 상대를 고양시켜 많은 훌륭한 결과물들을 생산해냈다. 두 사람 사이에서 태어난 아들, 그럽에 대한 사랑은 제인이 자연을 더 깊이 이해하고 보다 따뜻한 시선으로 생명을 바라볼 수 있게 도와주었다. 마지막으로 두 번째 남편인 데릭과의 연애는 그녀를 영적으로 한층 더 성숙시켜서 사물을 다양한 시선에서 포괄적으로 바라볼 수 있는 눈을 선사했다.

나는 이 연애들의 기반에는 남녀 간의 사랑인 에로스보다 자연과 생명에 대한 사랑이 놓여 있다고 생각한다. 제인은 그 커다란 사랑 위에서 다른 사람들을 만나 마음을 다해 사랑하고 포용했으며, 연애가 끝난 뒤에는 다시 자연으로 돌아와 한 사람에게만 국한되지 않는 위대한 인류애로 발전시켰다.

이것은 어디까지나 내 개인적인 의견일 뿐이다. 이 글을 읽는 독자도, 제인 구달도, 그녀의 측근들도 이 생각에 동의하지 않을 수 있다. 어찌 되었든 유명한 인물의 개인사, 특히 연애와 관련된 인생의 굴곡을 살펴보는 일은 멀리 동떨어져 있는 별 같은 존재를 눈앞에 가까이 끌어다놓는 흥미로운 경험을 선사한다. 여든이 넘은 '열혈 할머니', 제인 구달도 한때는 우리와 같은 소녀였고, 여자였으며, 아내였고, 어머니였다는 사실은 지금까지의 삶과 앞으로의 인생에 대해 생각할 거리를 충분히 던져준다. 모쪼록 독자들이 이 글을 읽으며 인생을 뒤돌아보는 즐거운 경험을 하기 바란다.

제인의 기사

1963년 8월 《내셔널 지오그래픽National Geographic》에는 18개월 동안 야생에서 침팬지를 관찰하며 보낸 제인 구달의 이야기가 실렸다. 〈야생 침팬지와 함께한 나의 인생My Life Among Wild Chimpanzees〉이라는 기사에는 아프리카의 오지에서 전인미답의 연구를 개척하는 그녀의 이야기가 겸손한 어조로 담겨 있었다. 그녀는 그때까지 침팬지를 야생에서 가장 오랜

2006년 홍콩 대학교에서. 그녀는 박사학위가 없는 연구자로 시작했지만 뛰어난 업적을 남겼다.

시간 관찰한 사람이었고, 침팬지가 육식을 하며 인간처럼 도구를 제작하고 사용한다는 깜짝 놀랄 만한 사실을 발견한 최초의 연구자였다.

제인은 당시 과학자들 사이에서는 감정이 없다고 여겨지던 동물들도 감정을 느끼고 다양한 형태의 상호 작용을 하며, 개체마다 뚜렷이 구별되는 개성이라는 것이 있음을 밝혀낸 유능한 과학자이기도 했다. 이 잡지는 당시 300만 명을 상회하던 정기 구독자들에게 우송되었고, 제인은 유명세를 타기 시작했다. 기사를 읽은 전 세계 각지의 많은 독자들이 제인에게 존경과 감동을 표하며 그녀의 연구를 응원했다. 동물 행동 연구에 참여하고 싶은 사람들과 기자들, 작가와 사진가 들은 제인이 연구를 수행하던 장소인 곰베Gombe에 관심을 보이기 시작했다. 반면에 《내셔널 지오그래픽》은 전문 학술지와 비교하면 대중성과 오락성에 다분히 충실한 잡지여서 여기에 글을 싣는다는 사실만으로도 마뜩지 않게 여기는 학자들도 있었다. 그중에는 제인을 예쁘장한 표지 모델로 비하하며 그녀의 연구를 평가 절하하는 사람들도 있었다.

어찌 되었든 내셔널 지오그래픽 협회는 재정적인 지원을 통해 침팬지 연구가 가능하도록 도와주었고, 침팬지 연구에 대한 기사와 다큐멘터리로 그녀에게 예기치 않은 명성을 가져다주었다. 그리고 개인적인 삶에서 이 기사는 제인이 자신의 첫 남편이 될 휴고 반 라윅 남작을 만나는 계기가 되었다. 제인이 글을 쓰고 휴고가 사진을 찍은 이 기사는 부부의 첫 번째 합작품이었으며, 이후 10년 가까이 지속된 두 사람의 행보의 출발점이었다.

타잔을 사랑한 소녀

제인이 어린 시절을 보낸 외갓집, '버치스'가는 온갖 식물들이 자라는 멋진 정원과 외할아버지의 책들로 가득 찬 서재가 있는 빅토리아풍의 벽돌집이었다. 전쟁 중이라 물자가 부족했고, 가족들은 늘 돈에 쪼들렸지만 제인은 정원에서 가장 좋아하는 나무에 올라 동물들이 등장하는 갖가지 모험 소설을 읽으며 정서적으로는 무척 풍족한 시간을 보냈다. 제인은 그중에서도 특히 타잔 시리즈를 좋아했다. 타잔을 몹시 사랑한 나머지 자신과 이름이 같은 타잔의 여자 친구를 질투할 정도였다.

어렸을 때부터 동물을 좋아했던 제인은 타잔을 읽으며 아프리카를 막연히 동경하게 되었다. 자유롭게 숲 속을 활보하며 동물들과 더불어 사는 삶이 부러웠고 자신 역시 타잔이 되고 싶다고 생각했다. 여덟 살이 되던 해, 그녀는 아프리카에 가서 야생 동물을 연구하며 살겠다고 결심한다. 그 꿈은 너무도 간절해서 이따금 아프리카를 떠올리는 것만으로도 눈물이 흐를 정도였다. 하지만 어떻게 하면 현실에서 그 꿈을 이룰 수 있을까. 실질적인 문제와 마주칠 때면 앞날은 막막했고 막상 자신이 선택할 수 있는 방안들은 거의 없어 보였다. 아마도 대학에 진학해서 생물학을 전공하는 것이 가장 적절한 방법이겠지만 대학 등록금을 마련할 방법이 없었다. 집안 형편은 어려웠고, 학교 성적이 우수하기는 했어도 외국어 성적이 좋지 않아서 장학금을 받을 수도 없었다. 제인의 어머니 밴은 딸의 꿈을 응원하면서 포기하지만 않는다면 언젠가는 길을 찾을 수 있을 것이라고 격려했다. 그리고 다양한 분야에서 일할 수 있는 비서를 직업으로 택하면 아프리카에 가서 일할 기회가 생길지도 모른다고 조언했다. 제인은 어머니의 조언에 따라 비서 학교에 들어갔고 졸업 후 사회 경험을 쌓으면서 자신의 꿈을 이룰 방법을 포기하지 않고 모색했다.

23세가 되던 해, 제인은 케냐에 이주해 있던 학창 시절 친구의 초청으로 드디어 아프리카행 배에 오른다. 사실 제인의 아프리카행은 '무작정 상경'에 가까웠다. 웨이트리스 아르바이트를 해서 모은 왕복 뱃삯 이외에 어떤 것도 준비되어 있지 않았고, 앞으로의 삶에 대해서는 아무것도 약속된 바가 없었다. 나이로비에서 비서로 지내던 어느 날, 제인은 누군가의 조언에 따라 당시 코린돈 박물관(현 케냐의 국립 박물관) 관장을 맡고 있던 루이스 리키에게 무작정 전화를 걸었다. 마침 리키의 비서 자리가 공석이어서 제인은 간단한 시험을 치른 후 비서로 채용될 수 있었다.

루이스 리키는 탄자니아 올두바이 협곡에서 석기와 호모 하빌리스('손재주가 있는 인간'이라는 뜻)의 유골 등을 발견한 일로 유명한 인류학자다. 당시 그는 영장류 연구가 인간의 진화와 관련된 문제들을 풀어가는 데 중요한 정보를 제공해주리라 생각하고 관련 연구를 수행해줄 사람을 찾고 있는 중이었다. 그는 동물 연구에 관한 일체의 편견을 배제하고자 정식 교육을 받지 않은 사람을 선호했고, 야생 동물들이 비교적 위협을 덜 느낀다는 점에서 남성보다는 여성이 적임자라고 생각했다. 야생의 열악한 조건을 견디며 위험하고 거친 연구를 수행하려면 동물에 대한 사랑과 이해심, 열정이 기본적으로 뒷받침되어야 함은 물론이었다. 제인은 이 모든 조건에 완벽하게 들어맞는 사람이었다. 리키 박사는 그녀에게 곰베로 가서 침팬지를 연구해줄 것을 제안했다. 두말할 나위도 없이 제인은 기꺼이 승낙했다. 오랫동안 품어왔던 꿈이 이제 드디어 실현되는 것처럼 보였다.

제인이 실제로 곰베에 발을 들여놓은 것은 그 후로도 한참 더 불안하고 막연한 기다림의 시간을 보낸 뒤였다. 제인의 곰베행을 가로막고 있던 가장 큰 걸림돌은 연구에 필요한 자금 확보였다. 그때까지 야생 동물에 대한 현장 연구는 거의 전무하다시피 했다. 그런데 그 어려운 일을 학위도 없는 젊은 여성에게 맡긴다니! 리키가 상당한 외교술을 발휘하더라도 그의 말만 믿고 큰 금액을 과감히 지원해줄 후견인을 찾기란 쉬운 일이 아니었다. 게다가 당시 영국 정부는 유럽인 여성 혼자서 곰베에 들어가는 것을 금하고 있었다. 제인은 이에 대한 해결책 역시 별도로 마련해야만 했다. 결국 루이스의 제안 이후 거의 3년이라는 시간이 흐른 뒤, 제인은 야생 동물을 연구하기에는 터무니없이 짧은 4개월 동안의 지원금만을 약속받은 채 어머니를 보호자로 대동하고 곰베로 떠났다.

인내 끝에 얻은 성과

늘씬한 다리로 우아하게 숲 속을 거니는 제인의 사진을 보고 있으면 곰베가 마치 무릉도원처럼 느껴진다. 또한 그녀의 연구는 동물과 교감하는 선하고 축복받은 삶인 것처럼 생각된다. 실제로 제인은 곰베를 천국이라 여겼고, 연구에 몰두하는 시간을 무엇보다도 소중하고 행복하게 생각했다.

그러나 현실에서 그녀가 겪어야 했던 어려움들은 그런 꿈같은 상상을 완전히 뒤집어놓는 것이었다. 숨이 막힐 만큼 뜨겁고 습한 날씨는 체력적으로 사람을 지치게 만들었고, 인간의 손길이 닿은 적이 없는 험준한 지형은 야생 동물을 찾아 헤매는 일을 한층 더 어렵게 했다. 습한 날씨에 발가락이 짓무르고, 다리에는 원인을 알 수 없는 피부병이 끊임없이 생겨났다. 끔찍한 따가움과 가려움을 유발하는 진드기와 모기, 체체파리 같은 각종 벌레들과 위협적인 야생 동물들, 뜨거운 태양으로 인한

1969년경 휴고 반 라윅(가운데). 그는 제인의 연구를 도울 수 있는 이상적인 남편이었다.

화상, 말라리아로 인한 지독한 열병에 이르기까지 그녀가 감내해야 했던 어려움은 한두 가지가 아니었다.

곰베에 도착한 초기에는 외부인의 방문을 달가워하지 않는 현지인들과 갈등도 겪었다. 혼자서 숲 속을 돌아다닐 수 없다는 규정에 따라 제인이 현지인들 몇 명을 동행인으로 고용하고 밴이 작은 무료 진료소를 운영하면서 이러한 갈등은 상당 부분 해결될 수 있었다. 무엇보다도 그녀를 힘들게 했던 것은 침팬지를 연구하기 위해 멀리 아프리카까지 날아왔음에도 정작 그들을 발견하기가 무척 어렵다는 사실이었다. 하루 종일 숲 속을 헤매고 다녀도 며칠씩이나 침팬지를 못 찾는 경우가 허다했고, 천신만고 끝에 침팬지를 발견해도 인기척을 느끼는 즉시 도망가 버리기 일쑤였다. 제인의 열정을 따라가지 못해 지친 동행인들은 또 다른 족쇄로 작용했다. 그들은 자주 늦잠을 잤고, 제인의 뒤를 쫓는 걸 힘들어해서 아침부터 밤늦게까지 자유롭게 이곳저곳을 탐색하고 싶은 그녀의 열정에 번번이 찬물을 끼얹었다.

이렇다 할 성과도 없이 하루하루 시간이 흘렀다. 제인의 초조함은 날이 갈수록 커졌고 원인 모를 두통과 불면증에 시달렸다. 그러나 아침이 찾아오면 어김없이 일찍 일어나 침팬지를 찾아 숲 속으로 향했다. 이런 끈기 있는 태도가 응답을 받은 것일까. 얼마 뒤 제인은 두 가지 중요한 발견을 하게 된다. 침팬지들이 육식을 하며, 좋아하는 먹이인 흰개미를 굴에서 낚아 올리는 데 나뭇가지를 도구로 활용한다는 사실이었다. 당시만 해도 영장류들은 채식을 한다고 여겨졌으며, 인간 이외에 도구를 활용하는 동물들은 겨우 4종만이 알려져 있었다. 그런 이유로 인류학자들은 도구의 제작과 사용이 인간을 정의하는 본질적인 특징이라고 생각했다. 이런 상황에서 제인의 발견은 인류의 진화 과정을 밝혀내고 인간을 정의하는 문제에 있어 중요한 시사점을 제공해줄 것이 분명했다. 루이스 리키는 이 발견의 중요성을 내세워 내셔널 지오그래픽 협회에 지원금을 요청했고, 협회의 승인을 받아 제인의 연구를 1년 더 연장할 수 있었다. 대신 침팬지 연구와 관련된 모든 저작물들과 사진에 대한 최초의 판권은 협회로 귀속되었다.

협회는 제인의 연구를 기사로 다루기 위해 그녀의 발견과 관련된 사진들을 빨리 받아보길 원했다. 그들은 전문 사진가를 현장에 파견해 촬영을 진행하겠다고 제안했다. 그때 제인은 곰베에 혼자 머물며 연구를 수행하고 있었다. 지난 몇 달 동안 그녀가 보여준 행동들 덕분에 지역 행정관들은 곰베에서 지내려면 보호자를 대동해야 한다는 조건을 더 이상 그녀에게 적용하지 않았다. 그녀는 고독을 두려워하지 않았고 오히려 자연 속에서 혼자 있는 시간을 소중히 여기며 자연과 하나가 되는 순간을 사랑했다. 처음에는 그렇게도 만나기 어려웠던 침팬지들도 점점 그녀에게 마음을 열어가고 있었다. 이런 순간에 외부에서 사진가를 들여보낸다니! 제인은 자신이 오랫동안 공들여온, 이제 막 형성되기 시작한 침팬지와의 유대 관계를 그 낯선 존재가 망쳐놓지는 않을까 걱정이 되었다.

루이스 리키가 내셔널 지오그래픽 측에 연구 성과를 실제보다 부풀려 보고한 것도 걱정을 한층 더 증폭시키는 원인이었다. 침팬지들이 제인의 존재를 받아들이기 시작한 것은 사실이었지만, 촬영이 제대로 이루어질 수 있을 만큼 가까운 거리로 접근하는 데에는 아직도 많은 주의가 필요했다. 제인은 협회 측에 이러한 사정을 누차 설명한 뒤 스스로 카메라를 짊어지고 촬영에 나섰다. 그러나 혼자서 촬영과 관찰을 동시에 진행하기란 쉽지 않은 일이었다. 제인은 다음 타자로 자신과 닮은 여동생을 촬영 기사로 내세웠지만, 협회가 만족할 만한 수준의 사진을 찍기에는 역부족이었다. 결국 전문 사진가의 사진 촬영을 더 이상 미룰 수 없는 시점이 다가왔다. 루이스 리키는 연구에 지장을 주지 않으면서도 전문성이 있는 사진을 찍어줄 적당한 사진가를 직접 찾아나섰다. 그렇게 선택된 인물이 바로 휴고 반 라윅 남작이었다.

휴고 반 라윅 남작

네덜란드의 귀족 가문 출신인 휴고 반 라윅은 인도네시아에서 태어나 영국과 네덜란드에서 성장했다. 제인처럼 어렸을 때부터 야생 동물에 관심이 많았던 그는 또래 아이들로 이루어진 자연 활동 클럽에서 활동하다가 처음으로 동물 사진을 찍게 되었다. 그는 어쩌면 사진이 '자연과 함께하는 삶'이라는 자신의 꿈을 실현시켜줄 수단이 될 수도 있겠다고 생각했다.

휴고는 영화사에 취직해 보조 촬영 기사로 일하며 사진에 대해 배웠다. 그 후 한동안 사진작가로 활동하다가 케냐에서 TV용 다큐멘터리 프로그램을 촬영하고 있던 데니스 부부의 조수로 발탁되어 아프리카로 건너왔다. 데니스 부부는 당시 최고의 다큐멘터리 감독으로, 이 만남은 휴고의 오랜 꿈을 실현시켜줄 좋은 기회였다. 재미있게도 데니스 부부의 이웃 중 한 사람이 루이스 리키였다. 휴고는 리키의 아들인 리처드와 친하게 지내다 우연한 기회에 리키의 일을 돕게 되었다. 당시 리키는 내셔널 지오그래픽 협회와 함께 미국 강연을 준비하는 중이었는데, 휴고는 이때 사용할 영상물을 제작하는 일을 맡았다. 작업을 진행하면서 그는 리키와 내셔널 지오그래픽 협회 모두로부터 좋은 평가를 받을 수 있었다. 리키는 휴고가 실력 있는 전문 사진가일 뿐만 아니라 야생 동물에 대한 사랑과 깊은 이해심을 가지고 있다는 점을 높이 평가했다. 마침 침팬지 사진을 찍을 적임자를 찾는 문제로 골머리를 앓고 있던 그는 휴고를 협회에 추천했다. 내셔널 지오그래픽 측은 몇 가지 테스트를 거친

후, 휴고에게 매달 100달러의 활동비와 사진과 영상물에 대한 추가 요금을 지급하는 프리랜서 자리를 제안했다. 휴고는 협회의 제안에 기꺼이 동의했다.

처음에는 전문 사진가의 영입을 꺼려했던 제인도 휴고에 대한 이야기를 전해 듣고 마음을 돌렸다. 그에게 야생 동물에 대한 애정과 열정이 있다는 점, 그저 '사진을 찍는 데' 중점을 두는 것이 아니라 '침팬지의 사진을 찍는 것'을 중요시한다는 점, 동물들과 잘 어울리며 그들을 이해하려고 노력한다는 점이 특히 마음에 들었다. 막상 촬영이 시작되자 침팬지들은 생각보다 쉽게 휴고를 받아들였다. 그들이 휴고의 존재를 용인하기까지는 약 한 달 정도의 시간이 걸렸다. 제인과 그녀의 동생 주디가 앞서 노력한 결과였다.

물론 같이 작업을 진행하면서 때로 좋은 사진에 대한 휴고의 고집이 제인의 속을 뒤집어놓은 적도 있었다. 제인이 보기에는 사진을 찍기에 그다지 나쁘지 않은 조건인데도 그는 이런저런 이유를 들어가며 최적의 조건을 만들어내려고 노력했다. 그런 태도가 간혹 제인을 답답하게 만들었다. 그러나 기본적으로 제인은 휴고의 이런 점을 좋게 평가했다. 타협하지 않고 끈기 있게 자신의 일을 계속하는 그의 태도는 바로 다름 아닌 자신의 연구를 대하는 제인의 태도이기도 했다.

같은 영혼을 가진 사람

제인과 휴고의 사랑은 사실 어느 정도 예정된 일이었다. 야생 동물에 대한 열정을 공유하고 있는 비슷한 나이대의 젊은 남녀가 곰베라는 외딴 장소에서 두 달 이상을 하루 종일 같이 지낸다고 생각해보자. 게다가 여자는 아름답고 사려 깊으며, 남자는 사교적이고 상냥하다. 제인의 어머니 밴이 명목상의 보호자로 함께 있기는 했지만 남녀 간에 야릇한 감정이 충분히 싹트고도 남을 상황이었다. 이러한 상황을 예상했는지 리키는 휴고를 침팬지 사진을 찍을 적임자로 결정한 뒤, 밴에게 '제인의 신랑감을 찾았다'는 내용의 편지를 보내기도 했다. 그러나 제인이 처음 휴고에게 가졌던 감정은 이성에 대한 끌림이라기보다는 비슷한 관심사와 삶의 목표를 가진 사람에 대한 친밀감과 진한 동료 의식에 가까웠던 것 같다.

두 사람이 부부였던 시절, 제인이 쓴 《인간의 그늘에서In the Shadow of Man》를 보면 그녀가 이 시기 동안 휴고에게 느낀 감정들을 조금이나마 엿볼 수 있다. 제인은 휴고를 자신과 '같은 영혼을 가진' 사람으로 묘사하며, 곰베에서 일어나는 크고 작은 사건들과 생명에 대한 사랑, 일의 즐거움과 좌절을 공유할 수 있는 동료를 발견했다고 적고 있다. 또 첫 번째 작업이 끝나고 휴고가 곰베를 떠났을 때에는 그를 그리워했다고도 말한다. 휴고에 대한 제인의 감정이 어느 정도까지 이성으로서의 호감으로 발전했는지는 모르겠지만, 이듬해 봄 제인은 케임브리지에 돌아와 있는 동안 존 킹이라는 남자를 만나 교제를 시작했다. 킹과의 교제 기간은 아주 짧았지만 그는 제인을 자신의 가족들에게 소개할 만큼 적극적이었다. 휴고가 이미 자신과 연인이 되고 싶은 마음을 분명히 표현했던 터라 존 킹과의 만남은 제인에게 새로운 고민거리를 안겨주었다. 킹이냐 휴고냐. 확실히 선택해야 할 시점이었다.

제인은 만약 휴고와의 관계가 어그러질 경우 두 사람이 함께하는 캠프 생활이 지옥으로 변하지는 않을까 걱정했다. 그랬음에도 다시 곰베로 돌아가는 비행기 안에서 그녀가 선택한 사람은 분명 킹이었다. 그러나 막상 공항에 내려 자신을 마중 나온 휴고의 웃는 얼굴을 보는 순간 제인의 굳은 결심은 흔들리기 시작했다. 캠프로 돌아와 짐을 정리하러 옷장을 연 제인은 그 안에서 휴고가 준비한 선물을 발견했다. 제인의 낡은 옷 대신에 네덜란드에서 만든 예쁜 원피스 몇 벌이 옷장에 가지런히 걸려 있는 모습을 보고 그녀는 휴고의 마음을 더 이상 거부하기 힘들다고 느꼈다.

사실 제인은 소녀 시절부터 남자들에게 인기가 많았다. 많은 젊은 여성들이 그러하듯이 제인도 남자들의 관심이 싫지 않았고, 때로는 호의에 보답하는 차원에서 그들과 가벼운 데이트를 즐기기도 했다. 제인을 케냐로 초청했던 학창 시절 친구인 클로의 말에 따르면 그녀는 “함께 있으면 즐거운 상대”였고 “원하는 남자는 누구든지 가질 수 있었다”(데일 피터슨, 《제인 구달 평전》).

제인에게 관심을 보이는 사람들 중에는 그녀의 상사이자 유명한 인류학자인 루이스 리키도 있었다. 제인은 자기보다 나이가 훨씬 많은 데다 유부남인 그의 관심이 부담스러웠다. 다행히 리키는 제인의 뜻을 존중해서 자신의 마음을 정리했고, 제인에 대한 연애 감정을 아버지와 같은 사랑으로 바꾸었다. 리키는 이후 평생 동안 스승이자 보호자로서의 역할에 충실했다. 리키의 경우에서처럼 대개 제인을 향한 남자들의 관심은 일방적인 것이었으며, 간혹 제인과 짧은 만남을 가지더라도 진지하지 않은 그녀의 태도에 제풀에 지쳐 나가떨어지는 경우가 대부분이었다. 물론 개중에는 제인 역시 진지하게 생각한 상대도 더러 있었다. 제인 스스로 처음으로 진짜 연애를 했던 상대라고 고백한 브라이언 헤르네와 곰베에 가기 전 서로 결혼을 약속했던 사이인 밥 영 등이 그들이다.

브라이언은 제인이 나이로비에서 비서로 근무하던 시절 알게 된 사이였다. 사냥꾼이라는 그의 직업이 제인의 가치관과 충돌했지만 사귀는 동안에는 굉장히 즐거웠고 순수한 마음으로 그에게 몰두했다. 1년 넘게 지속된 이 사랑은 침팬지 연구의 착수 시점이 계속 뒤로 미뤄지면서 일단 제인이 귀국하게 되면서 끝이 났다.

영국에 돌아와 있는 동안 알게 된 밥 영은 잘생긴 외모의 매력적인 젊은이로, 두 사람 사이에는 정서적인 공통점이 많았다. 그러나 배우라는 그의 직업과 곰베에서 침팬지를 연구하길 원하는 제인의 꿈 사이에는 상당한 간극이 존재했다. 어쨌든 밥 영은 제인의 꿈을 존중했고 그녀가 곰베로 떠난다는 사실을 알면서도 청혼했다. 두 사람의 약혼 소식은 런던에서 발행되는 중립 고급지인 《데일리 텔레그래프 앤드 모닝 포스트》에 실리기까지 했다. 그로부터 보름 뒤 제인은 밴과 함께 아프리카로 출발할 예정이었다. 두 사람을 배웅하면서도 밥은 그녀가 돌아와 결국 자신과 결혼하게 될 것이라고 생각했다. 그는 제인의 연구가 그렇게 장기간 지속되리라고 여기지 않았다. 반면 제인은 곰베에 도착해 연구에 몰두하게 되면서 두 사람이 함께할 미래를 약속하기가 힘들다는 사실을 깨달았다. 제인은 밥에게 이러한 뜻을 전했고 두 사람은 파혼했다.

매번 그녀의 연애는 그녀의 꿈과 갈등했고, 그때마다 그녀는 꿈을 선택했다. 이런 상황에서 휴고와의 만남은 이전의 다른 어떤 만남들과도 다른 특별한 의미를 지니고 있었다. 휴고는 제인이 여러 시련들을 이겨내고 드디어 자신의 꿈을 조금씩 이루어나가기 시작하는 길목에서 만난 첫 번째 동료이자 호감 가는 이성이었다. 제인이 휴고에 대한 마음을 정한 이후로 두 사람의 사랑은 날이 갈수록 깊어졌다. 1964년 3월 제인이 케임브리지에서 박사 과정을 이수하러 영국에 돌아와 있는 동안 두 사람은 즐거운 결혼식을 올렸다. 결혼식 하루 전 날, 내셔널 지오그래픽 협회 연구탐사위원회로부터 제인이 2년 연속으로 프랭클린 L. 버 상을 받게 되었다는 소식이 전해져 결혼식의 즐거움은 한층 더 배가되었다.

침팬지 연구소에서의 결혼 생활

사람의 왕래가 드문, 환상적인 자연 풍광을 지닌 곰베는 한창 서로에게 빠져 있는 신혼부부가 머물기에 최적의 장소였다. 두 사람은 많은 대화를 나눴고, 해 질 무렵의 눈부신 정경을 바라보며 커피 한 잔의 여유를 즐기기도 했다. 그러나 정작 그들이 주고받는 대화의 대부분은 연구에 관한 것이었다. 구달-라윅 부부는 아침부터 저녁까지 침팬지를 관찰하고, 그 내용을 기록한 뒤, 서로 의견을 나누다 함께 잠자리에 들었다. 매일 곰베에서 펼쳐지는 침팬지들의 새로운 드라마를 지켜보는 일은 그들에게 더할 나위 없는 큰 기쁨이었다. 때마침 곰베에 새끼 침팬지가 새로 태어나서 침팬지의 양육 방식과 성장 과정을 살펴보는 일로 두 사람은 분주했다. 밴의 제의로 일주일에 딱 하루 저녁을 '휴식의 밤'으로 비워두기 전까지 두 사람은 조금도 쉬지 않고 일했다. 만약 두 사람 모두에게 연구에 대한 열정이 없었더라면 이러한 삶은 불가능했을 것이다. 현재 내 삶의 전부인 일을 상대도 똑같이 기쁘게 받아들인다면 그보다 더 행복한 일은 없는 법이다.

그때까지도 내셔널 지오그래픽 협회와 프리랜서 계약을 맺고 있던 휴고는 침팬지 사진과 동영상을 계속 촬영하면서 협회 측에 두 사람의 성과에 대해 보고했다. 그러면서 연구소 전반의 크고 작은 일들을 살폈는데, 단순히 관리자로서의 역할뿐만 아니라 연구자로서의 역할도 함께 수행했다. 휴고가 제인의 연구에 어느 정도 도움을 줬는지는 정확히 알 수 없지만 그저 수동적인 조력자에 머무르지만은 않았던 것 같다. 《인간의 그늘에서》를 보면 침팬지의 먹이를 알아내기 위해 대변을 헹구는 작업을 제안한 사람이 휴고였다고 적혀 있다. 대변을 헹구는 방식을 도입하기 전까지는 제인은 대변 표본을 모아 말린 뒤 검사하는 방법을 사용했었다. 또한 휴고는 침팬지에게 바나나를 공급하는 방법에 대해서도 함께 고민했으며, 직접 먹이 공급통을 설계하기도 했다.

이때쯤 조그만 막사로 시작한 제인의 침팬지 연구소는 상설 연구 센터를 향한 작은 도약을 준비하고 있었다. 사실 처리해야 할 일들이 너무나 많아서 매일같이 쉬지 않고 일해도 남은 일들이 산더미처럼 쌓였다. 게다가 제인은 케임브리지에서 박사 논문을 마무리하기 위해 당분간 곰베를 떠나 있어야만 했다. 사진작가로서 휴고도 침팬지 연구 이외에 다른 일들을 진행해야 했다. 곰베 연구소의 전담 사진작가로만 일하기에는 프리랜서로서 지급받는 활동비가 부족했던 까닭이다. 우선 제인은 자신이 침팬지를 관찰하면서 녹음한 내용들을 타이핑해줄 비서를 고용했다. 동시에 연구 전반을 체계화하면서 두 사람이 떠나 있는 동안에도 연구소가 안정적으로 굴러갈 수 있도록 대신 연구를 수행해줄 보조 인력들을 물색했다. 이렇게 곰베 강 연구센터Gombe Stream Research Center가 설립되었다. 연구 센터라고 해봤자 알루미늄으로 만든 작은 조립식 건물과 텐트에 불과했지만 처음에 비하면 분명 상당히 발전되고 안락한 시설이었다.

상설 연구 센터가 어느 정도 체계가 잡혀서 두 사람이 함께 자리를 비울 수 있게 되자, 휴고가 외부 촬영을 나갈 때 제인도 동행하는 경우가 잦아졌다. 휴고와 동행하는 동안, 제인은 내셔널 지오그래픽 협회와 약속한 기사나 대중서를 집필했고, 자신의 논문을 바탕으로 침팬지 연구서를 쓰기도 했다. 이집트 독수리들이 돌조각을 도구로 사용해 커다란 타조알을 깨는 모습을 목격한 것은 이렇게 두 사람이 곰베를 떠나 함께 세렝게티 공원을 거닐고 있던 때였다. 앞서 제인은 침팬지가 도구를 사용한다는 사실을 새롭게 발견한 바 있었다. 그 이후로도 동물이 다른 사물을 도구로 사용한 사례는 침팬지를 포함해 아직 5종에 불과했다. 즉시 두 사람은 더 많은 사례들을 찾아 세렝게티의 평원을 누비기 시작했다. 특별히 제작한 가짜 타조알을 사용해서 몇 건의 실험도 수행했다. 부부는 이렇게 얻은 결과들을 정리해 1966년 《네이처Nature》에 이집트 독수리의 도구 사용에 대한 논문을 공동으로 발표했다.

두 사람이 함께 연구 활동에서 좋은 성과를 내고 있을 때 가정사에도 기쁜 소식이 날아들었다. 휴고와 제인이 결혼 3년 만에 부모가 된 것이다. 휴고 에릭 루이스 반 라윅, 애칭은 그럽. 아기의 탄생은 제인의 삶에 이전에는 상상도 할 수 없었던 기쁨과 행복을 가져다주었다. 동시에 과학자로서의 그녀의 삶도 큰 변화를 맞았다. 침팬지를 관찰하며 제인은 아기와 엄마가 함께 있는 시간이 아이의 성장에 매우 중요하다는 사실을 깨달았다. 그럽이 태어난 후 첫 3년 동안 제인은 아기와 하루도 떨어지지 않고 함께 지냈다. 침팬지들이 이전에 인간의 아기를 잡아먹었다는 보고가 두 건이나 있었으므로 그럽을 보호하기 위해 막사 안에 커다란 철제 우리를 설치했다. 제인은 여전히 곰베에서 생활했고 연구를 전반적으로 감독했지만 엄마 역할을 해야 했던 까닭에 침팬지 관찰에 전처럼 많은 시간을 쏟을 수가 없었다. 그녀는 오전에 센터로 출근해 연구 진척 사항을 살펴보고 여러 가지 행정적인 일들을 처리했다. 그리고 오

2006년경 습지에 관한 교육 시간. 제인 구달은 연구뿐 아니라 환경 운동에도 적극 참여한다.

후에는 그럽과 함께 행복한 시간을 보냈다.

아기가 성장하는 모습을 지켜보는 일은 제인의 삶에 개인적인 기쁨이었을 뿐만 아니라 인간의 본성과 동물의 감정을 더 잘 이해할 수 있는 좋은 경험이기도 했다. 더 이상 현장에서 일할 수 없다는 사실이 크나큰 아쉬움으로 남았지만 다행히 제인이 유명해진 뒤로 연구소는 점점 성장해, 여러 사람들이 다각도에서 많은 연구들을 수행하고 있었다. 분명 제인이 혼자 숲 속을 헤매던 때와는 비교도 할 수 없는 방대한 양의 자료들이 생산되었다. 제인은 그 사실에 감사했으며, 그럽을 돌보면서 틈틈이 집필 활동을 계속했다.

곰베 밖의 나날들

1968년 1월, 내셔널 지오그래픽 협회와의 프리랜서 계약이 종료되면서 휴고는 자유의 몸이 되었다. 마침 밴의 소설을 출간했던 출판사에서 구달-라윅 부부에게 연락을 취해왔다. 두 사람은 각기 출판 계약을 맺었고 휴고가 먼저 책을 내기로 했다. 휴고가 기획한 책은 동아프리카의 육식 동물들을 다룰 예정으로 이미 책 제목도 '무고한 살육자Innocent Killers'로 정한 상태였다. 부와 권력, 명예와 신념을 지키기 위해 이따금 끔찍한 대학살도 서슴지 않는 인간과는 달리 육식 동물들의 사냥은 철저히 당면한 생존의 필요에 따라 이루어지는 '무고한' 행위라는 의미였다. 휴고는 협회와의 계약이 끝나자 곰베를 떠나 육식 동물 추적에 나섰고, 제인과 그럽도 곧 이 모험에 동참했다.

휴고는 새 책에 대해 원대한 꿈을 품고 있었다. 그는 동물들을 촬영하면서 동시에 그들에 대한 연구도 병행할 생각이었다. 그러나 막상 촬영에 나서 보니 동물들을 찾아내는 데에도, 원하는 장면을 담아내는 데에도 생각했던 것보다 더 많은 시간과 노력이 필요했다. 계획은 계속 수정되었고 시간은 한정 없이 늘어졌다. 결국 제인이 구원 투수로 나섰다. 제인은 휴고가 촬영을 하는 동안 책의 원고를 집필하기 시작했다.

책 작업이 계획했던 것보다 늘어지자 자연스럽게 두 사람이 곰베를 떠나 있는 시간도 많아졌다. 두 사람은 여전히 곰베 연구센터를 관리하고 있었고, 1년의 상당 시간을 그곳에서 보냈지만 내셔널 지오그래픽 협회는 두 사람의 외유가 길어지는 것을 탐탁지 않게 여겼다. 애초에 협회가 생각했던 것보다 곰베 연구센터의 규모가 커지고 프로젝트가 장기화된 것도 부담이었다. 1969년부터 협회는 연구 지원금에서 두 사람에게 지불하던 임금을 제외하기 시작했다. 이는 제인이 앞으로는 곰베 연구센터에서 무급 자원봉사자로 일해야 하며 생활비를 충당하기 위해 또 다른 수입원을 적극적으로 물색해야 된다는 의미였다. 당시 부부의 소득은 휴고가 출판사에서 받은 계약금이 전부였고 그마저도 빠른 속도로 줄어들고 있었다. 두 사람은 대출을 생각해야 될 정도로 점점 더 돈에 쪼들렸다. 결국 파산 상태 직전에 이른 1970년 가을에 와서야, 두 사람을 공동 저자로 하는《무고한 살육자》가 세상에 나오게 되었다.

내셔널 지오그래픽 협회가 지원금을 삭감하면서 제인은 연구비를 안정적으로 마련하고 개인적인 생활비도 충당해야 하는 새로운 도전거리에 직면했다. 물자가 부족한 전시를 겪으면서 검소한 생활이 몸에 배었고, 연구를 업으로 삼은 이후 한 번도 지원금이 풍족했던 적은 없었지만, 더 이상 내셔널 지오그래픽 협회에만 전적으로 의존할 수 없다는 점은 분명했다. 1970년에도 협회는 제인의 임금을 지불하지 않았고, 제인은 이제 자신이 오랫동안 기획해온 침팬지에 대한 책을 집필할 시기가 왔다고 느꼈다. 이전에도 그녀는 침팬지에 관한 대중서를 쓴 적이 있었다. 그러나 책의 집필이 협회와의 계약에 묶여 있었던 탓에 내용과 형식에 상당한 제약이 따랐다. 제인은 책을 집필할 시간을 얻고 그럽에게도 또래와 어울리는 평범한 환경을 마련해줄 생각으로 잠시 친정으로 떠났다.

영국에 도착하자마자 제인은 오랫동안 앓아누웠다. 휴고와 너무 오래 떨어져 있었던 탓에 정서적으로도 우울하고 힘들었다. 그런 와중에도 아파서 침대에 누워 있으면, 책의 내용이 머릿속에서 술술 풀려나왔다. 마치 그녀의 머리 어느 구석에서 이미 완성되어 있던 원고를 끄집어낸 것처럼 이후의 작업은 예상했던 것보다 빠르게 진행되었다. 1971년 제인은 드디어 자신이 오랫동안 품어왔던 첫 침팬지 책을 출간할 수 있었다. 그 책이 바로 침팬지에 대한 학술 보고서이자 투지와 열정에 가득 찬 한 여성의 모험담이며 빼어난 과학 대중서인 《인간의 그늘에서》이다.

사회적인 성공, 흔들리는 결혼 생활

제인의 책은 곧 베스트셀러가 되었다. 《인간의 그늘에서》는 미국과 영국에서 화제가 되었으며 전 세계 40여 개 국가로 번역되어 출간되었다. 이 무렵에는 기쁜 일들이 연달아 일어났다. 제인은 스탠퍼드 대학교의 유급 교수로 임용되었으며, 케임브리지 대학교로부터 스콧 과학상을 수여받는 영예를 누리기도 했다. 연구소의 지원금 문제에도 새로운 희망이 비쳤다. 그녀는 지원금 모금을 목적으로 강연회를 열면서 스탠퍼드 대학교 정신의학과 데이비드 햄버그 교수의 소개로 자금원이 될 만한 여러 사람들을 만났다. 한편으로는 다른 대학들과도 협력 관계를 맺으며 연구소의 사회적인 기반을 안정적으로 다져나갔다. 이러한 노력에 의해 연구 센터는 양적으로도 질적으로도 날이 갈수록 성장을 거듭했다. 캠프 식구들은 점점 불어났고 연구 센터에는 활기가 넘쳤다. 지원금 문제도 순조롭게 해결되었다. 1972년, 연구소 운용에 필요한 지원금을 다른 자금원으로부터 모두 충당한 제인은 오랫동안 의지했던 내셔널 지오그래픽 협회로부터 마침내 독립할 수 있었다.

1971년 가을, 연구 센터를 전면적으로 개축하면서 꽤 번듯한 연구 기지가 세워졌다. 이때 제인 가족의 숙소도 같이 지어졌다. 이제 제인은 스탠퍼드 대학교와 다르에스살람 대학교에서 교수로서의 책무를 수행할 때 외에는 1년의 대부분을 곰베에 머무르며 연구소장으로서의 소임을 다했다. 그럽을 통신 교육 학교에 등록해 직접 가르치면서 엄마로서의 역할도 게을리하지 않았다. 제인은 매일 연구를 관리하고 강의를 준비하고 학생들을 교육했으며 연구소의 잡다한 행정적인 업무들을 처리했다. 그러는 한편으로 아이를 돌보고 틈틈이 글을 쓰면서 눈코 뜰 새 없이 바쁜 날들을 보냈다.

제인이 이렇게 사회적으로 성공하면서 명성을 드높이는 동안 휴고는 어떻게 지내고 있었을까. 그즈음 제인이 집에 보낸 편지에 따르면, 휴고는 상당히 우울해했다고 한다. 영화 〈제인 구달〉에서 제인이 말했듯이, 그는 "침팬지의 속성을 제대로 포착하는", "뛰어난 사진가"였다. 곰베에서 보낸 시간은 그가 사진가로서 인정받고 상당한 성공을 거두는 데 분명 많은 도움이 됐을 것이다. 그러나 그는 그 정도 성공에는 만족하지 못했던 것 같다. 어쩌면 자신이 이룬 성과들이 아내의 그늘에 가려져 보잘것없이 느껴졌는지도 모른다. 그가 기획한 책인 《무고한 살육자》는 반응이 나쁘지는 않았지만 비슷한 시기에 출간된 《인간의 그늘에서》만큼 큰 성공을 거두지는 못했다. 《무고한 살육자》의 속편이 세렝게티 연구소 지도부의 반대로 무산된 일도 그의 우울에 일정 부분 기여했을 수 있다.

연구소와 관련된 일들도 마음대로 풀리지 않았다. 그는 연구 센터의 관리 책임자를 맡고 있었지만 정확히 말해 그의 본업은 사진작가이자 촬영 기사였다. 처음 캠프에 합류한 뒤로 그는 연구소 운영에 적극적으로 참여해왔다. 하지만 이제 너무나도 커져버린 연구소에서 그가 맡아야 할 역할은 처음에 했던 일처럼 야생 동물과 현장에서 일어나는 사건들에 밀착되어 있는, 다시 말해 그가 좋아할 만한 성질의 일들은 아니었을 것이다. 곰베에서 그는 많은 사진과 뛰어난 영상물을 촬영했으며, 그들을 활용해서 만들어낼 수 있는 다양한 작품들에 대한 아이디어도 가지고 있었다. 하지만 이 방대한 영상물들에 대한 모든 권리는 처음 그가 했던 계약에 따라 내셔널 지오그래픽 협회에 귀속되어 있었다. 그는 협회에 개인적인 용도로 이 자료들을 사용할 수 있는지 문의했지만 협회의 반응은 차가웠다. 심지어 협회는 이미 연구소에 대한 모든 지원을 끊은 상태에서도 도의적인 차원에서 곰베에서 나오는 모든 영상물들을 사용하는 일에 대해 협회의 승인을 받을 것을 요구했다. 안타깝게도 그는 자신이 곰베에서 힘들여 찍은 영상물들에 대해 아무런 권리도 주장할 수 없었고 그것들을 활용하는 어떠한 작업도 마음대로 진행할 수 없었다.

물론 그에게 안 좋은 일만 일어났던 것은 아니다. 그 무렵 휴고가 《무고한 살육자》를 준비하면서 찍은 아프리카 들개 영상이 매우 비싼 가격

2012년경 제인 구달. 그녀는 여전히 활발하게 활약하고 있는데, 한국에도 여러 번 방문했다.

으로 메트로 미디어라는 회사에 팔렸다. 휴고는 갑자기 부유해졌으며, 금전적인 곤란에서 벗어나 다른 주제들에 대한 촬영을 지속할 수 있었다. 제인의 내레이션이 삽입된 휴고의 이 다큐멘터리는 〈제인 구달의 동물 행동의 세계: 아프리카의 들개〉라는 제목으로, 미국에서 에미상을 수상하는 영예를 누리기도 했다. 어찌 되었든 이러한 상태에서 휴고가 곰베에 머물며 자신의 본업을 계속할 수 있는 방안은 거의 없었다. 처음에는 그의 일이 부부를 서로 만나게 해주었지만 이제는 그를 가족에서 떼어내 밖으로 떠돌게 만드는 역할을 하고 있었다. 부부는 떨어져 있는 시간이 많아졌고, 서로 공유할 수 있는 부분도 차츰 줄어들었다. 함께 하는 일이 줄어들수록 처음 두 사람을 강하게 묶어주었던 야생 동물에 대한 사랑, 연구에 대한 열정도 사라져버렸다. 휴고는 더 이상 제인의 성공에 관심을 보이거나 기뻐하지 않는 것 같았다.

일 이외의 부분에서도 부부 사이의 골은 점점 깊어졌다. 두 사람 사이에 차이점이 존재한다는 사실은 이미 결혼 전에도 알고 있었지만, 결혼을 앞둔 다른 많은 연인들처럼 그들도 상대가 바뀔 것이라고 기대했다. 당연하게도 그런 일은 일어나지 않았다. 시간이 지날수록 두 사람 사이의 공통점보다는 차이점이 더 크게 부각되었다. 제인은 시와 클래식을 사랑하고 신의 존재를 믿었던 반면, 휴고는 무신론자에다가 제인의 고급스러운 취미들을 즐기지 않았다. 제인은 자신의 정서적이고 영적인 부분들을 휴고와 공유하지 못했을 뿐만 아니라 이따금 휴고가 던지는 신에 대한 냉소적인 발언들에 상처를 받기도 했다. 휴고의 소유욕과 질투심도 두 사람의 관계를 위태롭게 만들었다. 곰베에 두 사람만 머물던 시절에는 이 부분은 전혀 문제가 되지 않았다. 휴고는 낭만적인 연인이었고 유쾌한 사람이었다. 그러나 제인이 다른 사람과 관계를 맺기 시작하면 설령 그것이 동성 친구일지라도 휴고는 예민하게 굴었다. 학회나 강연회에서 제인이 많은 사람들에 둘러싸여 있을 때, 휴고의 침울함은 극에 달하는 듯했다. 부부는 그 문제로 다퉜지만 해결책은 보이지 않았다. 제인이 사회생활을 그만둘 수도 없는 노릇이었고 휴고의 성격도 쉽게 바뀌지 않았다.

또 영화 〈제인 구달〉에서 제인이 한 말에 따르면 돈에 관한 태도의 차이도 갈등의 한 축을 담당했다고 한다. 두 사람의 태도가 정확히 어떻게 달랐는지는 자세히 언급되어 있지 않지만 아마도 결혼한 이후로 줄곧 지속된 재정적인 어려움이 중요한 역할을 하지 않았을까 짐작한다. 제인은 영장류 연구 분야에서 이미 상당한 입지를 확보한 유명한 학자였지만 늘 자금난에 시달렸다. 연구 센터가 커질수록 점점 더 많은 돈이 필요했다. 제인은 강연을 하거나 책을 써서 벌어들이는 개인적인 수입도 상당 부분 연구비나 연구소 관련 활동에 사용했다.

이따금 재정이 안정돼도 그 풍요는 오래가지 않았다. 경제가 어려워지면 연구소로 들어오는 기부금부터 줄어들었다. 게다가 제인은 현재의 성공에 안주하지 않고 계속 새로운 분야로 활동 영역을 넓혀나갔다. 제인 스스로 "하루 벌어 하루 사는 인생"이라고 표현했듯이 화려한 명성 속에서도 '부'는 거리가 먼 존재였다. 그녀는 연구비와 활동 자금을 모으기 위해 끊임없이 강연회를 열고 사람들을 만나고 지원서를 써야 했다. 어쩌면 지원금에 대한 걱정은 그녀가 평생 짊어지고 가야 할 짐인지도 몰랐다. 굉장히 검소한 데다가 물질에 크게 구애받지 않는 제인과는 달리 휴고에게는 좀처럼 안정되지 않는 재정 상태가 어쩌면 커다란 스트레스로 작용했는지도 모른다.

곰베 안에서 휴고는 최고의 연인이었다. 그녀는 제인과 함께 곰베에 머무르며 그곳에서 행복을 찾을 수 있는 흔치 않은 남성들 중 한 명이었다. 어쩌면 그는 열대림 속에서 아름다운 제인을 보호하는 타잔이 되고 싶었는지도 모른다. 아쉽게도 그가 선택한 제인은 그의 보호가 필요하지 않은 여성이었다. 결국 1972년 휴고가 작업을 하러 세렝게티로 떠나면서 두 사람은 별거에 들어갔다.

이별, 그리고 새로운 사랑

다음 해 제인은 아직 휴고와의 결혼을 법적으로 완전히 정리하지 못한 상태에서 데릭 브라이슨을 만나 사랑에 빠졌다. 데릭은 탄자니아의 전 농림부 장관이었으며, 당시 탄자니아 국립공원의 소장이자 다르에스살람 의회의 의원이었다. 그 역시 아직 기혼자 신분이었으며, 아내와 별거 중인 상태였다. 두 사람은 서로에게 강하게 이끌리며 급격하게 가까워졌다. 정서적이고 영적인 부분에 있어서 데릭은 휴고에 비해 제인과 더 잘 통했다. 게다가 이미 사회적으로 상당한 위치에 오른 사람으로 적어도 탄자니아에서는 제인보다 훨씬 유명한 인물이었다. 제인은 그렇기 때문에 그와는 휴고와 겪었던 문제들, 제인의 성공에 침울해하거나 그녀의 사회 활동을 견디기 힘들어해서 생기는 갈등들을 되풀이하지 않을 것이라고 생각했다.

제인은 그를 깊이 사랑하게 되었다. 그 무렵 제인이 그에게 보낸 편지들에는 연인에 대한 절절한 그리움과 애정, 사랑에 빠진 여자의 순수한 행복과 낭만적인 감성이 가득하다. 그러나 한편으로 제인은 휴고와의 관계, 두 사람이 결국 이혼하게 될 경우 그럽이 받을 충격, 법적으로 깨끗하지 않은 데릭과의 사이, 데릭이 이혼할 경우 그의 아내가 받을 충격 등에 대한 고민으로 마음이 어두웠다. 휴고에 대한 미련이 남아 있지는 않았지만 한때 누구보다 열렬했던 사이가 점점 식어가면서 서로에게 상처를 주고 끝끝내 멀어지는 과정은 그녀의 마음에 씁쓸한 기억과 아픈 상처로 남아 있었다. 그녀는 다른 사람이 그녀와 같은 상처를 받는 것을 원하지 않았다.

다행히도 제인의 우려와는 달리 휴고와의 이혼은 비교적 수월하게 진행되었다. 그는 마지막으로 제인에게 자신을 위해 함께 세렝게티로 떠날 수 있냐고 물었고 제인은 담담히 거절의 뜻을 전했다. 아마도 의례적인 질문이자 예상된 답변이었을 것이다. 그럽은 적어도 겉으로는 새로운 관계 변화를 잘 받아들이는 듯이 보였다. 휴고는 그럽과 정기적으로 시간을 함께 보내며 아버지로서의 역할을 수행했고, 제인과는 여전히 친구로 남았다. 이따금 제인은 휴고의 연애 상담을 해주기도 했다. 헤어진 뒤에 두 사람의 관계는 오히려 전보다 더 편안해진 것 같았다.

휴고와 제인의 사랑은 '그리고 그들은 행복하게 살았습니다'로 끝을 맺지는 않는다. 그러나 그들의 사랑은 《이브닝 스타》지에서 한 기자가 쓴 표현대로 "흔치 않은 낭만적인 사랑이야기" 임에는 틀림없다(데일 피터슨,《제인 구달 평전》). 제인은 자신의 인생에서 가장 큰 성장과 변화의 시기를 휴고와 보냈다. 두 사람은 많은 일들을 함께했다. 연구소를 운영하고 침팬지를 관찰했으며, 세렝게티 평원을 떠돌며 야생 동물을 추적하고 책과 논문을 썼다. 그가 찍은 사진에 제인은 글을 보탰고, 그의 영상물에 제인은 내레이션을 더했다. 물론 매 순간이 겉으로 보이는 것만큼 낭만적이지는 않았을 것이다. 두 사람의 의견이 일치하지 않는 순간도 많았고 잦은 다툼과 갈등으로 점철된 시기도 있었다. 그러나 낯선 타국의 열악한 오지에서 평범하지 않은 행보를 이어갈 때 함께할 누군가가 곁에 있다는 사실은 분명 두 사람 모두에게 적지 않은 위안을 주었을 것이며 계속해서 스스로를 성장시킬 수 있는 힘이 되었을 것이다.

숲에서 얻은 지혜

1975년 제인은 데릭과 결혼해서 다르에스살람에 신혼집을 차렸다. 여건이 허락하는 한 두 사람은 함께 지냈지만 곰베와 다르에스살람, 미국과 영국을 떠도는 제인의 삶은 여전히 계속되었다. 그러던 중 제인의 연구 센터에 무장한 괴한들이 침입해서 연구소 사람들을 납치해 가는 끔찍한 일이 벌어졌다. 인민혁명당이라고 자신을 밝힌 이들은 인질들을 볼모로 여러 가지 무리한 요구안을 제시했다. 결국 상당한 몸값을 지불한 뒤에야 인질들은 무사히 풀려날 수 있었다.

그 과정에서 제인은 많은 오해를 받게 되었다. 탄자니아 측 대표로 사건 해결에 나선 데릭이 인질의 몸값 요구에 반대 입장을 표명한 것이 화근이었다. 인질들은 내부분 미국의 스탠퍼드 대학교 학생들이었는데, 평소에 반미 감정을 가지고 있던 그가 이 사건을 계기로 곰베에서 미국 사람들을 몰아내려고 하는 것이 아니냐는 그릇된 추측이 쌓였다. 제인은 사건 해결을 위해 열심히 뛰어다녔고 필요한 비용과 몸값을 마련하는 데에도 개인적으로 상당한 금액을 기부했지만 이러한 오해를 불식시키기에는 역부족이었다. 스탠퍼드 대학교의 동료들과 학생들은 그녀를 비난하며 멀리하기 시작했다. 심지어 그녀가 미국에서 강의를 하는 동안 머물려고 예약한 숙소를 멋대로 취소해버린 경우도 있었다. 제인은 갑자기 변해버린 사람들의 태도에 깊은 상처를 받았지만 오해에 담담하게 대처하면서 자신의 일을 성실히 계속해나가기로 마음먹었다.

그 시절 곁에 있던 가족들의 존재는 제인이 이 힘든 시기를 극복하는 데 큰 도움이 되었다. 그러나 안타깝게도 가족들과 함께하는 행복한 시간은 그리 오래가지 않았다. 그때까지 그럽은 제인과 함께 지내며 홈 스쿨링을 받았는데 나이가 들수록 학교에 가야 할 필요성을 무시할 수 없게 되었다. 결국 그럽은 친지들의 보호를 받으며 학교를 다니기 위해 영국으로 건너가게 되었다. 제인은 명절 때마다 영국을 방문했고 그럽은 방학 때마다 탄자니아로 돌아왔지만 아들의 빈자리는 오랫동안 제인을 쓸쓸하게 만들었다.

데릭과의 관계도 전과 같지 않았다. 제인은 데릭이 휴고와 다를 것이라고 기대했다. 그러나 애석하게도 자신의 여자에 대해 강한 소유욕을 갖고 있다는 점에서 두 사람은 매우 닮아 있었다. 어떤 면에서는 데릭이 오히려 한층 더 강경한 구석이 있었다. 그는 제인을 삶의 온갖 어려움과 주변의 악한 손길로부터 보호해야 한다고 느꼈고, 그것이 남자로서의 의무이자 권리라고 생각했다. 높은 사회적인 지위와 성공에서 오는 자신감은 그의 이러한 생각에 확신을 심어주고 그 생각을 실현시키려는 욕망을 한층 더 부추기는 역할을 하는 듯했다. 데릭은 제인을 독점하길 원했으며, 수표를 쓰는 일처럼 단순한 작업까지도 제인이 직접 하지 못하게 했다. 어째서 결혼 생활마다 이런 상황이 반복되는 것일까. 제인이 두 사람의 관계를 심각하게 되짚어보고 있을 무렵 갑자기 데릭이 암으로 시한부 선고를 받았다. 바로 얼마 전까지만 해도 결혼 생활을 지속할 수 있을지 진지하게 고민하던 그녀였지만 막상 남편에게 이런 일이 벌어지자 오직 그를 살려야겠다는 생각밖에 들지 않았다. 데릭을 살리기 위해 그녀는 다방면으로 헌신적인 노력을 다했다. 그러나 몇 달 뒤 그는 끝내 세상을 떠나고 말았다.

데릭과 사별한 뒤, 제인은 사랑하는 사람을 잃은 슬픔과 고통 속에서 한동안 힘든 시간을 보냈다. 그런 그녀에게 다시 살아갈 용기와 희망을 심어준 곳은 세상 물정 모르던 젊은 시절 꿈과 열정으로 가득 차 두려움 없이 찾아들었던 그곳, 곰베였다. 제인은 곰베의 울창한 숲 속으로 걸어 들어가 커다란 나무에 기대어 서서 많은 시간을 홀로 보냈다. 숲은 여전히 그곳에 있었지만 결코 제자리에 가만히 머물러 있지는 않았다. 매일같이 많은 생명들이 죽어 사라졌고, 새로운 생명이 탄생해 그들의 빈자리를 메웠다. 고요하게 끊임없이 벌어지는 삶의 변화와 순환을 지켜보면서 그녀는 데릭의 죽음을 겪으면서 품었던 운명에 대한 원망에서 벗어날 수 있었다. 자연은 말없이 그녀를 품어주었고, 숲 속의 동물들은 젊음과 활기를 되돌려주었다. 바로 이곳에서 그녀는 인생에서 소중한 세 사람, 휴고와 그럽, 데릭을 만났다. 이제 그들이 전부 그녀의 곁을 떠난 지금, 그녀는 상실감과 외로움에 더해 이상한 해방감과 새로운 인생의 활력을 느끼고 있었다. 좋은 연인이 되기 위해, 아내가 되기 위해, 엄마가 되기 위해 고민하고 노력했던 시간들은 분명 그녀를 성장시켰지만, 이제 혼자 돌아온 그 숲에서 그녀는 이상하게도 젊은 시절 느꼈던 것과 같은 자유로움을 다시금 느끼고 있었다. 1982년 6월 지인에게 보낸 편지에 적었던 것처럼 그것은 휴고가 영상물을 촬영하러 곰베에 찾아온 뒤로는 한 번도 느낄 수 없었던 그런 종류의 자유였다.

곰베의 숲에서 마음을 추스르고 삶의 에너지를 충전한 제인은 다시 일상으로 돌아왔다. 그녀는 여전히 연구를 계속했고, 센터를 관리하고 운영하면서 필요한 자금을 확보하려고 노력했다. 그러는 한편으로, 몇 년 동안 고민해왔던 새로운 프로젝트를 계획하고 실현시키는 데 마음을 쏟기 시작했다.

끝나지 않은 여정

야생 동물을 연구하기로 결정한 뒤 제인은 많은 시련을 겪었다. 그때마다 그녀가 보여준 용기와 인내는 대단히 고무적인 것이다. 그녀는 변변한 학위도 없이 오직 열정 하나만으로 낯선 이국땅에 거침없이 파고들었고, 일이 잘 풀리지 않을 때에도 자신이 할 수 있는 일들을 계속하면서 운명이 기회를 허락해줄 때까지 느긋하게 기다릴 줄 알았다. 오랜 노력이 연구 성과로 조금씩 결실을 맺을 때에도 그녀가 견뎌야 하는 난관들은 아직도 많이 남아 있었다. 아름다운 외모는 연구 성과를 평가 절하하는 이유가 되었고 근거 없는 많은 연애 스캔들을 양산해냈다. 자료를 조작했다거나 거짓말을 하고 있다는 식의 악의적인 루머들도 떠돌았다.

가끔은 많은 일들이 마치 마술처럼 저절로 풀려나가는 듯이 보일 때도 있었다. 하지만 알고 보면 그 뒤에는 낙관적인 태도로 삶을 긍정하며 부지런히 움직이는 그녀의 노고가 숨어 있었다. 연구를 시작한 뒤로 그녀는 엄청나게 많은 일을 하고 과로로 몸져누웠다가 다시 일터로 돌아오는 숨 가쁜 생활을 반복해왔다. 이제 겨우 한숨 돌릴 수 있게 되었을 때 그녀는 과학자와 교육자라는 역할에만 머무르지 않고 활동 영역을 넓혀 새로운 분야로 망설임 없이 뛰어들었다. 정말로 그녀다운 선택이었다.

아직도 많은 사람들이 제인 구달을 침팬지 내지는 영장류와 연결시켜서만 기억한다. 분명 야생 침팬지에 대한 연구는 제인 구달을 전 세계적으로 유명하게 만들었다. 제인 이전에도 야생 영장류를 연구한 경우가 없지는 않았지만 그녀의 연구는 이 분야에서 수행된 과학적이고 체계적인 최초의 연구였다. 그녀는 당시 동물 행동학 분야의 지배적인 연구 경향과는 달리, 각각의 개체들의 개성에 주목하고 거기서 집단 전체의 특성을 이끌어내는 자신만의 방식을 사용해 동물들에게 접근했다. 이 접근 방식을 통해 그녀는 앞에서 이미 언급한 바 있는 육식 행위와 도구 사용 외에도 침팬지의 생활사에 대한 주요한 사실들을 많이 밝혀낼 수 있었다.

그녀가 만난 침팬지들은 모자 관계가 긴밀하고, 독립한 자녀와 형제들 사이에서도 평생 교류가 이루어질 만큼 가족 간의 유대감이 깊은 동물이었다. 집단을 이루어 생활하는 침팬지들에게는 위계 서열에 따른 나름의 질서와 생활 방식이 존재했다. 침팬지들은 비가 내리면 단체로 춤을 추며 축제를 벌일 만큼 감수성이 발달한 데다가, 공격적인 상대에 맞서 이웃의 새끼들을 보호하거나 때로는 자신과 아무런 혈연관계가 없는 고아가 된 어린 새끼를 입양할 정도로 연민과 우정이 넘치는 다정한 행동들을 보여주기도 했다.

그렇다고 침팬지들이 평화를 사랑하는, 마냥 온순한 족속은 아니다. 그들은 때에 따라 거칠게 행동했으며, 이러한 폭력성이 개인 간의 갈등을 넘어 집단과 집단 간의 전쟁으로 번지는 경우도 있었다. 1974년에 제인은 곰베에 거주하는 침팬지 집단들 사이에서 원시적인 형태의 전쟁이 벌어지는 모습을 발견했는데, 이 전쟁은 두 집단 중 어느 한쪽이 완전히 전멸할 때까지 4년간이나 지속되었다. 제인의 이러한 발견은 인간에게만 고유하다고 여겨졌던 다양한 감정들이 침팬지 사회에도 존재하며 그들의 사회성과 지능이 생각했던 것보다 더 많이 발달된 수준이라는 사실을 시사했다. 인간과 유전학적으로 가장 가까운 침팬지에 대한 연구 결과는 인간의 진화 과정을 수립하고 지능과 언어의 발달 과정을 밝히는 데 매우 중요하다. 그런 점에서 그녀의 연구는 한층 더 큰 의미를 지니고 있었다.

지금까지 곰베 강 연구센터는 200편이 넘는 과학 논문과 30편의 영화, 수많은 기사와 저작물을 내놓았고, 여러 차례의 순회강연도 진행했다. 지금 이 순간에도 곰베에서는 여전히 연구가 진행되고 있으며, 제인은 아직도 1년의 얼마간을 곰베에서 지낸다. 필요할 때면 연구에 대해 조언하고 지속적으로 관심을 기울이고는 있지만 이제 센터의 실질적인 문제들은 그녀의 손을 떠나 있다. 그녀는 지금 전 지구적인 환경과 생명체의 삶을 걱정하며 인간을 포함한 모든 생물의 복지를 위해 열심히 활동하는 중이다. 연구 기금을 모으기 위해 시작된 제인의 강연 활동은 이제 환경 보호에 대한 사람들의 관심과 행동을 촉구하기 위해 계속되고 있다. 그녀는 1년의 300일 이상을 길 위에서 보내며 어느 곳에서도 3주 이상 머무르지 않는다. 많은 사람들을 만나 그들의 이야기를 듣고 틈틈이 그에 대한 글을 써서 세상과 공유하려고 노력한다.

그녀가 맨 처음 관심을 기울인 대상은 동물원과 실험실에 갇혀 있는 침팬지들의 삶이었다. 수많은 실험실과 동물원에서 그들이 얼마나 감정이 없는, 일종의 사물처럼 다루어지고 있는지 확인한 후 그녀는 참담함에 눈물을 흘렸다. 그렇게 포획 침팬지의 안녕과 이해를 도모하는 '침팬주ChimpanZoo 프로그램'이 출범했다. 침팬지에서 시작된 관심은 다른 야생 동물들로 옮겨갔고 자연스레 그들이 서식하고 있는 환경으로까지 확장되었다. 환경 파괴에 대한 문제는 그 주된 원인이 되는 인간의 삶에 대한 문제로 이어졌다. 많은 경우, 서식지의 파괴와 훼손, 야생 동물의 밀렵은 거주민들의 빈곤과 직결되어 있었다. 그녀는 거주민의 빈곤을 완화하면서도 환경을 되살릴 수 있는 여러 방법들을 고민하며 '테이케어TACARE 프로그램'을 시작했다. 제인 구달의 '뿌리와 새싹'은 제인의 침팬지 연구 30주년을 기념해 그녀의 집에 모인 어린 학생들에게서 시작된 자발적인 움직임이었다. 그들은 자기가 살고 있는 지역의 여러 문제들에 관심을 기울이고 그것을 변화시키기 위해 작지만 꾸준한 노력을 이어갔다. 이렇게 시작된 '뿌리와 새싹'은 지금 전 세계 130여 개 국가에서 1만 5,000여 개의 모임으로 성장했다.

제인은 지역의 문제를 해결하고 지구의 미래를 변화시킬 힘을 이 같은 젊은이들에게서 찾는다. 그녀는 그들 한 사람 한 사람이 기울이는 작은 노력들이 결국 전 지구적인 변화로 이어질 것이라고 믿는다. 그래서 오늘도 포기하지 않고 전 세계를 돌아다니며 희망의 메시지를 전파한다. 무엇보다도 제인 자신이 포기하지 않고 노력하면 원하는 목적을 이룰 수 있다는 불굴의 인간 정신의 살아 있는 표본이자 희망의 증표다. 이 희망의 밑바탕에는 자연에 대한 지극한 사랑과 열정이 놓여 있다. 그것은 늘 그녀의 삶을 움직이는 추동력이었다. 그 추동력이 이끌어가는 길 위에서 그녀는 연인과 가족을 만났고, 살아갈 목적과 힘을 얻었다. 그리고 아직도 그녀는 여전히 그 길 위에 서 있다. 그녀의 삶이 계속되는 한 아마도 이 여정은 끝나지 않을 것이다.

참고 문헌

- 제인 구달, 《희망의 씨앗: 제인 구달의 꽃과 나무, 지구 식물 이야기》, 홍승효·장현주 옮김, 사이언스북스, 2014.
- 제인 구달, 《인간의 그늘에서: 제인 구달의 침팬지 이야기》, 최재천·이상임 옮김, 사이언스북스, 2001.
- 제인 구달, 《희망의 이유》, 박순영 옮김, 궁리, 2003.
- 제인 구달·제인구달 연구소, 《제인 구달, 침팬지와 함께한 50년》, 김옥진 옮김, 궁리, 2014.
- 데일 피터슨, 《제인 구달 평전: 인간을 다시 정의한 여자》, 박연진·이주영·홍정인 옮김, 지호, 2010.
- 수딥타 바딘 퀘렌, 《제인 구달》, 권혁정 옮김, 나무처럼, 2010.
- 로렌츠 크나우어 감독, 영화 〈제인 구달Jane's Journey〉, 독일·탄자니아 합작, 2010.

Scientists In Love

그렇지만 모두들 자기가 사랑하는 것을 죽인다.
모두 들으라. 어떤 이는 모진 시선으로 죽이고,
어떤 이는 감언이설로, 겁쟁이는 키스로,
용감한 이는 검으로!

chapter

05

컴퓨터와 사과를 남겨두고 떠난 천재

앨런 튜링 & 남자들

이인식

글쓴이 **이인식**

과학 칼럼니스트이며, 지식융합연구소장이다. 서울대학교 전자공학과를 졸업했고, KAIST 겸직 교수, 국가과학기술자문회의 위원, 한국청색기술포럼 회장, 과총 국가발전포럼(제1기) 회원을 역임했다. 한국출판문화상(47회)과 한국공학한림원 해동상(1회)을 수상했다. 《조선일보》, 《동아일보》, 《매일경제》, 《한겨레》, 《중앙선데이》 등에 칼럼을 연재 중이며, 주요 저서로는 《융합하면 미래가 보인다》(2014), 《통섭과 지적 사기》(2014), 《자연은 위대한 스승이다》(2012), 《지식의 대융합》(2008) 등이 있다.

2014년 11월 14일 영국 런던에서 영화 〈모방 게임The Imitation Game〉이 개봉되었다는 소식을 듣고 괜스레 마음이 뒤숭숭해진 적이 있다. 이 영화의 주인공인 앨런 튜링Alan Turing, 1912~1954의 이론과 업적을 알기 쉽게 설명하려고 애쓰던 시절이 떠올랐기 때문이다. 1992년 2월 펴낸 《사람과 컴퓨터》에는 튜링의 이론이 14쪽에 걸쳐 소개되어 있다.

1980년대 후반에 미국의 인지과학자인 더글러스 호프스태터Douglas Hofstadter, 1945~의 출세작인 《괴델, 에셔, 바흐Gödel, Escher, Bach》를 뒤적이면서 튜링의 위대한 업적을 이해하느라 날밤을 새우기도 했지만, 그로부터 20여 년이 지나 그의 삶을 다룬 영화가 상영되는 것을 보면서 가벼운 흥분을 느끼지 않을 수 없었다.

〈모방 게임〉은 2015년 2월 제87회 아카데미상에서 최우수 작품상·남우 주연상·여우 조연상·최우수 감독상·각색상·미술상·편집상·음악상 등 여덟 개 부문의 후보에 올랐다. 그러나 각색상 하나만을 받는

데 그쳐 아쉬움을 남겼다.

첫사랑을 만나다

튜링은 1912년 6월 23일 영국 런던의 개인 병원에서 태어났다.

1983년 영국의 수리물리학자인 앤드루 호지스Andrew Hodges, 1949~가 저술한 튜링의 전기인 《앨런 튜링Alan Turing: The Enigma》에 튜링 집안의 뿌리가 다음과 같이 묘사되어 있다.

> 대영 제국의 아들로 태어난 앨런 튜링의 사회적 신분은 상류 지주 계급과 상인 계급의 경계선에 있었다. 상인과 군인, 그리고 성직자로 살았던 그의 조상들은 귀족 신분이었지만 그다지 안정적이지는 못했다. 그들 중 많은 이들은 대영 제국의 이익을 전 세계로 팽창시키며 출셋길에 올랐다.

튜링의 아버지는 영국령 식민지 인도에서 공무원으로 근무하면서 영국식 교육을 고집하는 바람에 어린 튜링은 부모와 떨어져 영국에서 살아야 했다. 1926년 14세에 명문 사립 학교인 셔본 학교Sherborne School에 들어간 튜링은 호기심이 많고 창의력이 풍부한 소년이었으나 신동 소리는 듣지 못했다.

1927년 15세가 된 튜링은 키가 크기 시작했으며, 사춘기에 접어들면서 첫사랑을 만나게 된다. 상대는 기숙사에서 사귀게 된 크리스토퍼 모컴Christopher Morcom이라는 남자 친구였다. 튜링은 모컴을 만나기 위해 일부러 도서관에 가기도 하고, 수업을 같이 듣게 되면 꼭 그의 옆자리에 앉으려고 했으며, 함께 걷게 되면 말로 형언할 수 없을 정도로 기뻐했다. 그러나 모컴은 튜링의 곁을 영원히 떠나게 된다. 1930년 2월 어느 날 밤, 모컴은 갑자기 병이 나서 구급차에 실려 런던에 보내졌으나 두 차례 수술을 받고도 깨어나지 못했다. 그는 6일 동안 사경을 헤맨 끝에 2월 13일 정오 무렵 세상을 떠났다. 이 사건을 계기로 튜링은 종교적 신념을 버리고 무신론자가 된다.

셔본 학교를 마친 튜링은 케임브리지의 킹스 칼리지King's College에 장학생으로 선발된다. 1931년부터 1934년까지 킹스 칼리지에서 과학보다 수학 공부에 정진해서 월등히 좋은 성적을 내게 된다.

1933년 킹스 칼리지에서 튜링은 두 차례 남자와의 사랑에 다시 빠진다. 첫 번째 상대는 튜링과 함께 수학 장학생으로 들어온 제임스 앳킨스James Atkins였다.

앤드루 호지스의 《앨런 튜링》에서는 두 사람의 관계를 다음과 같이 묘사하고 있다.

> 날씨가 어찌나 덥고 화창하던지 어느 순간 튜링은 알몸으로 일광욕을 하게 되었다. 어쩌면 며칠 후 그들이 산비탈에서 쉬고 있을 때 튜링이 은근히 성적 접근을 시도하게 된 것도 날씨 때문이었는지 모르겠다. 이 돌발에 가까운, 그러나 자극적인 순간은 어쩌면 튜링보다 앳킨스에게 더 의미

가 있었는지도 모른다. 앳킨스는 사립 학교에서 몹시 억눌려 지냈던 터라 이제야 정신적으로, 그리고 신체적으로 자신을 알아가고 있던 참이었다. 다음 2주 동안 앳킨스는 튜링을 향한 애정과 욕망에 이끌리는 자신을 발견했다.

튜링 역시 자신의 성적 취향을 특별히 숨기려 하지 않았다. 1933년 가을 튜링에게는 앳킨스 말고도 성적으로 끌린 학부생이 또 한 명 있었다. 그는 프레드 클레이턴Fred Clayton이었다.

힐베르트의 문제

1935년 봄 23세에 튜링은 동기생 중 최초로 킹스 칼리지의 특별 연구원으로 선임되었다. 튜링을 포함한 특별 연구원 46명에게는 높은 연봉이 3년간 지급되고 케임브리지 학내에서 거주할 경우 숙식도 제공되었지만 특별히 부과된 직무는 없었다. 3년 동안 생활비를 걱정하지 않고도 하고 싶은 연구를 마음껏 할 수 있게 됨에 따라 튜링은 여러 논문을 쓰게 되었다.

그즈음에 존 폰 노이만John von Neumann, 1903~1957이 케임브리지에 와서 강의를 하게 되어 튜링과 만난 것으로 추정된다. 헝가리 출신인 폰 노이만은 미국에 건너가서 성공한 수학자이자 물리학자로, 튜링보다 아홉 살이 많았다. 컴퓨터 이론을 초기에 확립한 튜링과 폰 노이만이 상봉한 것은 역사적 사건이라 할 수 있다.

1935년 여름, 튜링은 1928년 독일의 수학자인 다비트 힐베르트David Hilbert, 1862~1943가 내놓은 '엔차이둥스프로블렘Entscheidungsproblem', 곧 '결정 문제decision problem'의 답을 찾는 일에 몰두했다. 튜링은 힐베르트의 결정 문제, 곧 '제시된 모든 수학적 주장의 증명 가능성을 결정할 수 있느냐의 문제'를 다룰 수 있는 기계를 꿈꾸었다. 다시 말해 튜링은 "원칙적으로 수학의 모든 문제를 순서대로 해결할 수 있는 일반적인 기계적 절차mechanical procedure가 있는가"라는 힐베르트의 질문에 대한 답을 찾아 나선 것이다.

힐베르트의 질문에 대답함에 있어 봉착하는 가장 큰 어려움은 '기계적 절차'가 무엇을 의미하게 될 것인지를 결정하는 일이었다. 기계적 절차는 그 당시의 정상적인 수학 개념의 울타리 밖에 있는 아이디어였기 때문이다. 따라서 튜링은 먼저 '기계machine'의 개념을 형식화하는 방법을 궁리했다. 튜링은 인간의 두뇌를 계산하는 기계의 본보기로 설정했다. 그리고 사람이 수학 문제를 풀 때 사람에 의해서 수행되는 행동은 그것이 어떤 것이든 간에 모두 '기계적 절차'라는 말에 포함되어야 한다고 전제했다. 튜링은 이러한 인간의 사고에 대한 접근 방법에 의해 기계의 개념을 정립하여 24세 되는 1936년 11월에 〈계산 가능한 수와 결정 문제 적용에 관하여On Computable Numbers, with an Application to the Entscheidungs problem〉라는 제목의 논문을 학술지에 발표했다.

사람의 계산 체계

튜링은 기계의 개념을 수학적인 방법 대신에 아주 흥미로운 직관을 동원해서 설명했다. 주요 내용을 요약하면 다음과 같다. 그의 논문에 나오는 컴퓨터computer라는 단어가 '계산하는 사람'을 의미하고 있음을 유의할 필요가 있다. 그 당시에는 오늘날 우리가 사용하는 컴퓨터가 없었기 때문이다.

- 계산은 대개 종이에 기호를 써가면서 한다. 가령 초등학생들의 산수 공책처럼 네모난 칸square으로 나누어진 모눈종이를 사용해 덧셈을 한다면, 어린아이들은 가로의 칸과 세로의 칸을 모두 사용하기 십상이지만 반드시 그럴 필요는 없다고 본다. 따라서 기호를 가로의 방향으로만 적어가는 것으로 가정한다면, 계산은 1차원의 모눈종이, 곧 정사각형의 칸cell으로 나누어진 테이프tape에서 수행된다. 계산하는 사람(컴퓨터)과 테이프에 의해, 계산을 수행하는 시스템이 구성되는 것으로 볼 수 있다.
- 종이에 쓸 수 있는 기호의 수효는 유한한 것으로 가정할 필요가 있다. 기호를 배열해 사용할 수 있으므로, 만일 기호의 수효를 무한하게 사용하는 것이 허용될 경우에는 아주 작은 부분에서 서로 차이가 나는 복합기호들이 나타나기 때문이다. 예컨대 '999999999'나 '9999999999'와 같이 복합된 기호의 연속체string가 지나치게 길 경우에는 컴퓨터(계산하는 사람)가 두 기호의 차이를 한눈에 알아볼 수 없다. 또한 컴퓨터가 어느 순간에 주목할 수 있는 기호의 수효에는 일정

튜링 생가에 있는 청색 장식판.

한 한계가 있다. 그러므로 사용 가능한 기호의 수효는 유한해야 한다.

- 어느 순간에서 컴퓨터의 행동은 그가 그 순간에 주목하고 있는 칸에 적힌 기호와 함께 그의 마음의 상태state of mind에 의해 결정된다. 예컨대 '10011'과 같은 다섯 개 기호의 연속체는 마음의 상태에 따라서 1만 11(십진수) 또는 19(이진수)로 해석된다. 컴퓨터의 마음의 상태 역시 그 수효가 유한한 것으로 전제할 필요가 있다. 기호의 수효를 유한하게 제한시킨 이유와 똑같은 취지에서이다.
- 컴퓨터가 계산 과정에서 수행하는 동작은 더 이상 쪼개기 어려울 정도로까지 아주 기본적인 단순 동작simple operation으로 분해되는 것으로 가정한다. 요컨대 단순 동작에서는 오로지 한 개의 기호만이 변경되는 것으로 전제한다. 만일 우리가 컴퓨터의 마음의 상태와 함께 컴퓨터가 주목하고 있는 테이프 위의 기호 배열을 알고 있다면, 우리는 계산을 수행하는 시스템의 상태를 알고 있는 것이다. 따라서 컴퓨터의

단순 동작은 이 시스템에서 나타나고 있는 상태의 변화에 의해 구성된다.

- 컴퓨터는 항상 기호의 변화뿐만 아니라 그가 주목하고 있는 칸의 분포 상태의 변화 역시 반드시 즉각적으로 인식하지 않으면 안 된다. 컴퓨터가 새로 주목하는 칸의 하나하나는 컴퓨터가 이전에 주목한 칸들의 큰 테두리 안에 반드시 즉시 포함되는 것으로 볼 수 있다. 그러므로 컴퓨터의 단순 동작은 한 개의 주목된 칸 위에서 일어나는 변화와 아울러 그 기호의 변화로 말미암아 컴퓨터가 이전에 주목한 칸들에서 나타나는 변화를 반드시 포함하지 않으면 안 된다. 이러한 변화들로 인해서 컴퓨터의 마음의 상태가 변화되는 것은 필연적이다.
- 결론적으로 계산하는 사람(컴퓨터)에 의해 실제로 수행되는 동작은 그 사람의 마음의 상태와 그 사람이 주목한 기호에 의해 결정된다. 특히 컴퓨터에 의해 주목된 기호가 동작이 수행된 뒤에 컴퓨터가 가지는 마음의 상태를 결정하게 되는 것으로 볼 수 있다.

자동자의 개념

튜링은 사람에 의한 계산 과정을 직관에 의해 설명하고, 이러한 사람(컴퓨터)처럼 계산하는 기계를 구성할 수 있다는 결론에 도달했다. 튜링은 이러한 기계를 오토마톤automaton이라 불렀다. 오토마톤은 본래 자동장치self-mover를 의미하는 그리스어에서 유래된 말이다. 《옥스퍼드 영어 사전》의 뜻풀이를 직역하면 다음과 같다.

> automaton(복수 automata): 자발적인 운동, 곧 자동self-motion의 힘을 갖고 있는 물체. 원동력motive power을 가진 기계 장치mechanism의 일부분이 숨겨져 있으므로 자발적으로 움직이는 것처럼 보임. 현재는 생물체의 행동을 흉내simulation 내는 물체를 가리킴. 예 – 태엽 장치가 달린 생쥐.

이와 같이 오토마톤(또는 오토마타)은 본래 자동인형 또는 자동 기계를 의미했다. 그러나 튜링이 인간의 두뇌를 흉내 낸 기계에서의 정보 처리 구조를 오토마톤이라 부른 뒤부터 오늘날은 컴퓨터가 태엽 장치 달린 생쥐 대신에 오토마톤의 원형으로 간주되었다. 말하자면 오토마톤의 개념이 튜링에 의해 생물체의 행동보다는 정보 처리를 흉내 내는 쪽으로 바뀌게 된 것이다.

오토마톤, 곧 자동자自動子의 포괄적인 개념을 이해하기 위해서는 외부로부터 작용을 받아 일정한 반응을 일으키는 시스템을 살펴볼 필요가 있다. 이 시스템을 미지의 입출력 장치blackbox로 본다면 외부로부터 입력을 받아 출력을 내놓는 모델에는 크게 두 종류가 있다. 하나는 출력이 계속해서 변화되는 연속 시간continuous-time 시스템이고, 다른 하나는 출력이 어느 시간에 한 번만 필요해서 입력의 연속적인 기술description이 부적합한 비연속 시간discrete-time 시스템이다. 따라서 어느 시스템의 입력이 출력을 내는 방법에 대한 명세specification를 자세히 나타내줄 필요가 있다.

요컨대 그 시스템의 내부 상태internal state를 기술할 필요가 있다.

시스템은 내부 상태에 따라 두 종류로 구분된다. 하나는 입력과 내부 상태의 명세가 기술되면 그에 따른 출력과 내부 상태를 결정할 수 있는 결정론적deterministic 시스템이다. 다른 하나는 입력과 내부 상태를 제아무리 완전하게 기술하더라도 그에 따른 출력과 내부 상태를 결정할 수 없기 때문에 가능한 출력과 내부 상태를 확률에 의해 알아낼 수 있는 확률적stochastic 시스템이다. 일반적으로 자동자의 행동은 입력과 내부 상태에 의해 완전하게 결정되고, 그 입력과 출력의 집합set이 모두 유한하기 때문에 자동자는 결정론적 비연속 시간 시스템으로 간주될 수 있다. 요컨대 자동자는 입력의 유한한 집합, 출력의 유한한 집합, 내부 상태의 집합에 의해 그 명세가 기술된다. 특히 내부 상태가 유한한 집합일 경우에 그 유한 상태의 자동자를 유한 자동자finite automata라 부른다.

튜링 기계의 구성

튜링은 그의 자동자 이론automata theory에서 계산하는 사람(컴퓨터)과 테이프로 구성된 시스템처럼 계산하는 기계(컴퓨터)를 다음과 같이 형식화할 수 있을 것으로 생각했다. 계산하는 사람의 모델로 소개된 튜링의 자동자는 훗날 그의 이름을 따서 튜링 기계Turing machine(TM)라고 명명되었다. 튜링 기계는 〔그림 1〕과 같이 제어 장치control box, 테이프, 입출력 헤드read/write head로 구성된다. 튜링 기계는 추상적인 개념이며 결코 물리적

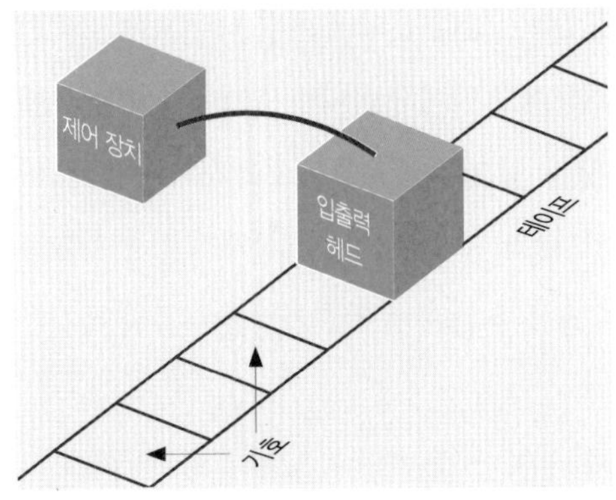

[그림 1] 튜링 기계의 구조.

인 대상이 아니라는 사실을 유념할 필요가 있다.

- 제어 장치는 사람의 두뇌에 해당한다. 제어 장치는 계산하는 사람(컴퓨터)의 마음의 상태에 해당하는 내부 상태를 갖고 있다. 마음의 상태의 수효가 유한한 것처럼 제어 장치의 내부 상태 역시 그 수효가 유한하다. 그러므로 제어 장치는 유한 자동자이다. 컴퓨터의 행동이 그 순간의 마음의 상태에 의해 결정되는 것처럼 제어 장치는 매 순간 갖고 있는 어느 하나의 내부 상태에 의해 튜링 기계의 동작을 결정한다. 요컨대 제어 장치가 갖고 있는 내부 상태의 하나는 어느 순간에 튜링 기계에 의해 실행되어야 하는 명령instruction이다. 그러므로 제어 장치의 내부 상태는 여러 개의 명령을 모아놓은 것으로 볼 수 있다.
- 테이프는 초등학생의 산수 공책처럼 네모난 칸이 선형으로 배열되어 있으며, 그 길이는 양쪽 방향으로 무한대이다. 사람이 모눈종이를 연습지로 제한 없이 사용할 수 있는 것처럼 튜링 기계 역시 외부의 공

간space을 무제한으로 사용할 수 있다는 의미이다. 테이프는 각각의 칸에 오로지 한 개의 기호를 갖고 있거나 아니면 공백이다. 테이프에는 기호의 연속체를 사용할 수 있으나 그 수효는 유한하다. 사람이 어느 순간에 주목할 수 있는 기호의 수효에 일정한 한계가 있으므로 종이에 쓸 수 있는 기호의 수효를 유한한 것으로 가정한 이유와 똑같은 취지이다.

- 입출력 헤드는 제어 장치의 내부 상태(명령)에 의해 테이프를 따라 이동하여 한 번에 한 칸씩 테이프를 주사scan해서 테이프에 저장된 기호를 읽어내거나 또는 테이프에 기호를 기록하는 장치이다.
- 튜링 기계의 구성에서 테이프의 역할이 매우 중요하다. 테이프는 무제한으로 공급되기 때문에 하나의 동일한 테이프가 세 가지의 역할을 수행할 수 있다. 외부의 초기 데이터를 기호로 기록해서 튜링 기계에 공급한다. 헤드에 의해 테이프의 기호가 읽혀지고, 테이프의 필요한 위치에 새로운 기호가 기록되면서 이전의 기호는 지워지므로 초등학생의 연습 종이처럼 계산 도중의 중간 결과를 저장한다. 그리고 계산이 완전히 종료되면 최종적인 결과가 테이프의 일부에 표시된다. 이와 같이 테이프는 입력, 기억, 출력의 세 가지 기능을 모두 갖고 있다.

튜링 기계의 동작

튜링 기계의 동작은 가급적이면 가장 기본적인 동작으로 분해된다.

계산하는 사람(컴퓨터)의 동작을 단순 동작으로 쪼개는 것과 같다. 사람의 단순 동작에서 오로지 한 개의 기호가 변경되는 것으로 전제한 것처럼, 튜링 기계의 단순 동작 역시 테이프 위의 기호를 한 번에 한 개씩 바꾼다. 따라서 튜링 기계가 수행할 수 있는 단순 동작은 오로지 네 종류뿐이다. 테이프의 칸에 있는 한 개의 기호를 지운다. 그리고 그 위에 새로운 기호를 기록한다. 헤드는 왼쪽 방향으로 한 칸씩 자리 이동shift하거나 오른쪽 방향으로 한 칸씩 이동한다.

튜링 기계는 그 순간에 있어 제어 장치가 갖고 있는 내부 상태(명령)에 의해 동작이 시작된다. 헤드는 제어 장치의 명령에 따라 테이프 위에 있는 유한한 수효의 기호 배열을 한 칸씩 주사한다. 따라서 튜링 기계의 동작은 현재 주사되는 기호와 제어 장치의 현재 내부 상태에 의해 결정된다. 계산하는 사람의 어느 순간에서의 행동이 그가 그 순간에 주목하는 기호와 그의 마음의 상태에 의해 결정되는 것과 똑같다. 다시 말하자면, 계산하는 사람이 주목하고 있는 기호가 변화되면 그 변화로 말미암아 그의 마음의 상태가 필연적으로 변화되는 것과 마찬가지로 제어 장치의 내부 상태 역시 주사되는 기호에 따라 다른 내부 상태로 바뀌게 된다.

튜링 기계의 동작 원리를 요약하면 현재 주사되는 테이프의 기호와 제어 장치가 현재 갖고 있는 내부 상태에 의해 세 가지 사항, 곧 현재의 칸 위에 있는 기호를 지우면서 그 위에 기록될 새로운 기호, 헤드의 이동 방향, 제어 장치가 다음 순간에 갖게 될 내부 상태가 모두 결정된다. 그러므로 제어 장치의 명령에는 튜링 기계의 옛 상태, 현재 읽히고 있는 기호, 새로 기록될 기호, 헤드의 이동 방향, 튜링 기계의 새로운 상태 등 다섯 가지의 기본 요소가 포함되어 있다. 예컨대 〔3, #, +, R, 7〕로 표현된 명령은 튜링 기계의 옛 상태가 〔3〕이고, 현재 읽히고 있는 기호가 〔#〕이라면, 반드시 〔#〕 기호는 지워지고 그 위에 새로운 기호인 〔+〕가 기록되어야 하며, 헤드는 오른쪽〔R〕으로 한 칸 이동해야 되고, 튜링 기계는 새로운 상태인 〔7〕로 가지 않으면 안 된다는 뜻을 내포하고 있다.

유효 절차와 알고리즘

기계의 개념을 형식화한 튜링은 힐베르트가 제기한 일반적인 기계적 절차의 정의를 시도했다. 그는 유효 절차effective procedure의 개념을 생각해냈다. 계산하는 다양한 절차 가운데서 컴퓨터(계산하는 사람)가 마땅히 알아야 되는 명령의 수효가 무한하거나, 명령을 수행하는 단계의 수효가 무한할 경우에는 그 계산 절차는 아무짝에도 쓸모가 없다. 따라서 계산하는 사람은 유한한 양의 지식을 사용하여 유한한 수효의 단계로 명령을 수행해서 소기의 목표에 도달하는 효과적인 절차를 찾아내지 않으면 안 된다. 이러한 효과적인 절차를 유효 절차라고 말한다. 튜링 기계는 내부 상태(명령)가 유한하고, 겨우 네 가지의 단순 동작으로 계산이 수행되므로 유효 절차를 갖고 있다고 할 수 있다. 매 순간에 튜링 기계가 수행해야 되는 동작을 지시하는 형식 규칙formal rule을 집합해놓은 것이 유효 절차이다. 유효 절차를 수행할 수 있는 기계를 형식 기계formal machine 라고 부른다.

튜링 기계의 행동은 현재의 내부 상태와 현재 주사되고 있는 기호에 의해 완전히 결정된다. 다시 말해 초기의 내부 상태(명령)와 단 한 개의 기호(입력)가 주어지기만 하면, 튜링 기계는 세 종류의 단순 동작을 완전히 결정론적으로 수행한다. 요컨대 유효 절차에 의한 튜링 기계의 동작은 완전히 기계적이다. 튜링 기계는 '기계적 절차에 의해 동작된다'고 말할 수 있다. 따라서 튜링은 기계적 절차를 '튜링 기계에 의해 수행될 수 있는 절차'라고 정의하는 것이 합리적이라고 생각했다. 튜링이 정의한 기계적 절차를 표현하기 위해 수학자들이 사용하는 어휘는 알고리즘 algorithm 이다. 잘 정의된 처리 절차를 유한 단계의 과정으로 나열한 것을 알고리즘이라 이른다.

알고리즘은 본래 서기 825년경에 수학책을 펴낸 페르시아의 저명한 수학자 알 콰리즈미 al-khwarizmi, ?780~?850 의 이름에서 따온 단어이다. 그러나 이 수학자가 생존했던 9세기보다 훨씬 전에 이미 알고리즘의 본보기가 있었다. 그중에서 가장 유명한 것은 기원전 300년경 고대 그리스의 유클리드가 제시한 알고리즘이다. 두 개의 정수에서 최대 공약수를 찾는 규칙적 절차로서 오늘날 '유클리드의 알고리즘'이라 부르고 있다. 역사적으로 알고리즘의 일반적인 개념에 대한 관심이 고조된 것은 20세기부터이다. 알고리즘의 개념에 대해 다양한 기술이 시도되었지만 그중에서 가장 설득력이 있고 또한 역사적으로 그 의미가 가장 중요한 것은 튜링의 위대한 작품인 튜링 기계이다. 튜링 기계에 의해 기계적 절차의 개념이 비로소 확립됨에 따라 '알고리즘 절차algorithmic procedure'는 '기계적 절차', '유효 절차'와 동의어로 사용하게 되었다. 따라서 기계적 절차(유효 절차)를 명백히 기술해놓은 것을 알고리즘이라 정의한다. 오늘날 컴퓨터의 프로그램이 알고리즘의 대표적인 본보기이다.

튜링 기계의 계산 능력

튜링의 자동자 이론은, 유효 절차를 수행하는 형식 기계는 기호 조작manipulation에 있어서 사람이 할 수 있는 것은 무엇이든지 해낼 수 있음을 보여주었다. 사람이 수효가 유한하고 완전하게 명시된 형식 규칙에 의해 수행할 수 있는 것은 무엇이든지 적합한 알고리즘(프로그램)을 가진 기계에 의해 수행될 수 있다는 의미이다. 자동자 이론의 주제는 '유효 절차라고 불리는 계산 과정은 어떤 것이든지 모두 튜링 기계로 실현된다'는 것으로 요약될 수 있다.

또한 튜링 기계는 유한 자동자에 무한정으로 기다란 테이프 한 개를 부착시키면 계산 능력computational power이 가장 강력한 기계가 되는 것을 보여주었다. 튜링 기계의 제어 장치는 비록 유한한 수효의 내부 상태(유효 절차)를 갖고 있지만 유효 절차(알고리즘)는 그것이 작용하는 숫자의 크기에 제약을 받지 않는다. 제아무리 큰 숫자이건 아주 작은 숫자이건 동일한 알고리즘이 적용되기 때문에 입력되는 숫자의 크기에 관계없이 그 입력을 처리할 수 있다. 출력의 경우도 마찬가지이다. 이와 같이 제어 장치의 입력이나 출력의 크기는 본질적으로 무한대이다. 더욱이 튜링 기계는 그 길이가 무한대인 테이프를 갖고 있다. 따라서 외부의 계산 공간 역시 본질적으로 무한대이다. 튜링 기계는 이상적으로 볼 때 입력, 계산공간, 출력이 모두 본질적으로 무한대이므로 가장 강력한 계산 능력을 보유한 기계라고 말할 수 있다.

튜링에 의해 자동자 이론이 정립되자 많은 사람들이 '계산 가능 기능 computable function'에 대해 많은 이론을 내놓았지만 한결같이 모두 튜링 기계에 의해 계산 가능한 기능으로 되풀이 확인되었을 따름이다. 물론 튜링 기계는 직관으로 얻은 개념에 의해 계산 가능한 기능을 정의해놓았기 때문에 결코 증명에 의해 확인될 수는 없다. 그러나 아직까지 그 어느 자동자 이론도 그 계산 능력에 있어서 튜링 기계와 결국 동등한 것으로 판명됨에 따라 튜링 기계가 계산 가능성computability의 직관적 개념을 진실로 적합하게 형식화한 이론이라는 결론을 얻게 되었다. 따라서 '계산 가능 기능'이란 '튜링 기계에 의해 계산 가능한 기능, 곧 유한한 알고리즘에 의해 평가될 수 있는 기능'이라는 결론에 도달하게 되었다. 만일 튜링 기계로 획득할 수 없는 계산 결과를 내놓는 새로운 형식의 자동자 이론을 누군가가 개발한다면 그 이론은 오류일 가능성이 높다.

보편 튜링 기계

튜링의 자동자 이론이 지닌 진정한 가치는 보편 튜링 기계universal TM

의 존재가 증명된 것이다. 다른 튜링 기계의 동작을 똑같이 흉내 낼 수 있는 튜링 기계를 보편 튜링 기계라고 한다. 기본적인 아이디어는 튜링 기계에 사용되는 기호를 이진법binary code으로 표현하는 것이다. 테이프의 칸에는 0 또는 1의 이진 숫자를 사용하기 때문에 튜링 기계가 수행하는 기본 동작은 테이프 위의 0을 1로 다시 쓰거나, 1을 0으로 다시 쓰며, 테이프는 왼쪽으로 한 칸씩 이동하거나 오른쪽으로 한 칸씩 자리이동하는 네 가지의 단순 동작뿐이다. 제어 장치의 내부 상태(명령) 역시 이진법으로 표현되기 때문에 각각의 명령은 이진 숫자가 기다랗게 배열된 연속체의 형태가 된다. 튜링 기계의 프로그램(명령의 집합)이 테이프에 사용되는 0과 1의 연속체로 부호화encoding되는 것이다.

만일 임의의 튜링 기계(T)의 명령이 이진 숫자로 부호화된 테이프를 다른 특정한 튜링 기계(U)의 입력의 초기 부분으로 사용한다면, 그 튜링 기계(U)는 이진 숫자로 표현된 튜링 기계(T)의 명령을 읽고, 해석interpretation한 다음에 그 명령에 따라서 임의의 튜링 기계(T)가 하는 것과 똑같이 입력의 나머지 부분을 실행할 수 있다. 다시 말해 특정한 튜링 기계(U)는 입력을 계산하기 위해 먼저 이진 숫자로 부호화된 명령(입력의 초기 부분)을 해석한 다음에 해석된 명령에 따라 역시 이진 숫자로 부호화된 데이터(입력의 나머지 부분)를 실행한다. 입력의 초기 부분으로 사용된 다른 튜링 기계(T)의 명령에 의해 그 튜링 기계(T)의 동작을 정확하게 흉내 내기 때문에 특정한 튜링 기계(U)를 보편 튜링 기계라고 한다. 보편 튜링 기계의 존재는 기호를 부호화하는 방식에 따라 임의의 튜링 기계와 똑같이 동작할 수 있는 튜링 기계를 자유자재로 구성해낼 수 있음을 보여주었다.

튜링 기계와 컴퓨터

보편 튜링 기계의 제어 장치는 프로그램을 순차적으로sequential 실행하는 유한 자동자이다. 이 제어 장치에 테이프를 추가해 그 테이프에 프로그램을 써넣으면 제어 장치는 범용general purpose 기계가 된다. 제어 장치는 그 테이프 위에 쓰일 수 있는 프로그램은 무엇이든지 읽고 해석해서 순차적으로 테이프의 데이터를 처리할 수 있기 때문이다. 다시 말해 보편 튜링 기계는 프로그램이 데이터를 갖고 있는 테이프에 입력되기도 하고 저장될 수도 있는 놀라운 특성을 보여준다. 이러한 보편 튜링 기계의 특성에 고무되어 오늘날 디지털 컴퓨터의 원형인 프로그램 내장식 컴퓨터stored program computer(SPC)를 최초로 설계한 사람은 존 폰 노이만이다.

오늘날 하나의 제어 장치processor를 사용해 하나의 명령어로 오로지 하나의 데이터를 순차적으로 처리하는 기능을 가진 컴퓨터 구조architecture를 '폰 노이만 구조'라고 부르는 것은 폰 노이만이 처음으로 오늘날의 컴퓨터를 설계한 장본인이기 때문이다. 폰 노이만이 설계한 컴퓨터는 물론 튜링 기계와 다른 방식으로 동작한다. 예컨대 기억 장치memory로 반드시 1차원 테이프가 사용되는 것은 아니며, 튜링 기계의 단순 동작보다 더 많은 종류의 기본 동작을 수행한다. 그러나 컴퓨터의 프로그램은 튜링 기계와 유사하고, 컴퓨터는 모든 프로그램을 실행할 수 있으므로 보편 튜링 기계와 유사하다. 요컨대 컴퓨터로 계산 가능한 것은 무엇이든지 한 개의 테이프와 한 개의 헤드를 가진 보편 튜링 기계에 의해 계산이 가능하다. 그러므로 오늘날의 모든 컴퓨터는 진실로 보편 튜링 기계이다. 튜링이 1936년 24세에 발표한 자동자 이론은 이와 같이 컴퓨터의 시대를 예고한 역사적인 이정표로 우뚝 솟아 있다.

처음 사랑한 여자

1936년 9월 튜링은 미국으로 건너가서 프린스턴 대학교에서 수학과 암호 해독술cryptology을 연구한다. 프린스턴 대학교에는 폰 노이만이 교수로 재직 중이었다. 튜링은 케임브리지 대학교 교수로 임용되지 못했다는 소식을 듣고 프린스턴 대학교에 1년 더 머물기로 한다. 튜링은 그동안에 박사학위를 받기로 결정한다. 1938년 6월 논리학으로 학위를 취득한 튜링은 7월 영국으로 돌아간다.

귀국 직후인 1938년 9월부터 튜링은 '정부신호암호학교Government Code and Cipher School(GC&CS)'에 관여하기 시작했다. GC&CS는 평범한 소도시인 블레츨리 파크Bletchley Park에 있는 빅토리아풍의 시골 대저택에 자리 잡은 영국 정부의 정보 기관이다.

1939년 9월 1일 아돌프 히틀러의 나치 독일군이 폴란드를 침공하고, 이틀 후인 9월 3일 영국과 프랑스가 독일에 선전 포고를 하면서 제2차 세계대전이 발발했다. 9월 4일 튜링은 GC&CS에 출근 보고를 하고, 에니그마Enigma라 불리는 독일 암호 기계의 메시지를 해독하는 작업에 몰두했다.

1940년 튜링은 독일 해군 에니그마의 암호 분석을 전담하는 조직인 '8호 막사Hut 8'을 이끌었다. 그러나 독일 해군이 주고받는 에니그마 통신을 해독하는 작업은 별 진전이 없었다. 6월에 수학자인 조안 클라크Joan Clarke, 1917~1996라는 여자가 암호 분석을 위해 8호 막사에 배속된 이유도 그 때문이었다.

1941년 봄, 튜링은 클라크와 몇 차례 영화도 보고 휴가도 함께 보내면서 우정을 키우고 있었다. 두 사람이 결혼에 대한 결론을 내기까지는 오랜 시간이 걸리지 않았다. 튜링은 청혼을 했고, 클라크는 기꺼이 받아들였다. 그러나 튜링은 곧바로 청혼이 잘못된 선택이었음을 깨닫고 클라크에게 자신이 남성을 좋아하는 동성애적 성향이 있어서 그녀와의 결혼 생활이 실패할 것 같다고 털어놓았다.

앤드루 호지스의 《앨런 튜링》에는 그 후로 두 사람의 관계가 진전되는 과정이 다음과 같이 소개되어 있다.

> 튜링은 이로써 문제가 끝날 것이라고 기대했지만, 기대했던 대로 일이 풀리지 않아 놀랐다. 클라크를 과소평가하고 있었다. 클라크는 '동성애 성향'과 같은 금기 단어에 겁을 먹는 사람이 아니었다. 두 사람의 약혼은 깨지지 않았다. 튜링은 클라크에게 반지를 선물했고, 튜링의 집에 가서 가

족에게 정식으로 소개시켰다. 일은 순조롭게 진행되었다. 오는 길에 런던에 들러 클라크의 부모에게도 인사를 드리고 점심을 함께했다. 클라크의 아버지는 성직자였다.

튜링은 8호 막사 사무실에서 클라크의 상사였지만, 두 사람은 동지처럼 지냈다. 클라크가 막사에서 약혼반지를 끼지 않았지만, 두 사람이 연인 관계임을 모르는 막사 요원은 없었다.

1941년 여름까지 두 사람은 약혼 관계를 유지했지만 8월 마지막 주에 휴가를 함께 보내고 나서 파국이 찾아오게 된다. 튜링이 클라크에게 파혼을 통보했기 때문이다.

《앨런 튜링》에 따르면 튜링은 영국의 시인인 오스카 와일드Oscar Wilde, 1854~1900가 동성애 죄목으로 리딩 형무소에서 복역하던 1898년에 지은 〈리딩 감옥의 노래The Ballad of Reading Gaol〉의 마지막 구절을 인용하며 클라크에게 파혼의 뜻을 전한 것으로 알려졌다.

그렇지만 모두들 자기가 사랑하는 것을 죽인다,
모두 들으라,
어떤 이는 모진 시선으로 죽이고,
어떤 이는 감언이설로,
겁쟁이는 키스로,
용감한 이는 검으로!

세계 최초의 디지털 컴퓨터

1941년 가을에 접어들면서 블레츨리 파크의 암호 분석가들은 에니그마를 완벽하게 해독할 수 없어 좌절에 빠졌다. 독일 해군의 암호 해독을 전담한 8호 막사의 책임자인 튜링 역시 인력 부족으로 소기의 성과를 거두지 못하기는 마찬가지였다. 마침내 블레츨리 파크의 암호 분석가들이 정부의 행정 지원 부족 문제에 대해 항의를 하게 된다. 1941년 10월 21일 당시 영국 수상인 윈스턴 처칠에게 편지를 보내게 되는데, 튜링의 이름은 서명자 명단의 맨 앞에 올라간다.

《앨런 튜링》에는 블레츨리 파크의 암호 분석가들이 수상에게 보낸 편지가 소개되어 있다. '수상 각하 친전'으로 되어 있는 이 편지의 첫머리는 다음과 같이 시작된다.

> 저희가 독일 에니그마 암호를 깨는 데 필요한 기계인 봄베bombe가 충분하게 보급되었다고 생각했을 겁니다. 하지만 저희 작업은 지금 지연되고 있으며, 근본적인 원인은 인원이 충분하지 않기 때문입니다.

이어서 이 편지는 해군 에니그마를 해독하는 8호 막사가 "인원 부족과 과로로 인해 해군 암호 탐지가 매일 최소한 열두 시간씩 늦어지고 있다"고 털어놓았다.

윈스턴 처칠은 이 편지를 받자마자 참모진에게 다음과 같은 메모를 보낸다.

금일 업무(ACTION THIS DAY)

최우선적으로 그들의 요구를 들어주고, 나에게 결과를 보고할 것(Make sure they have all they want on extreme priority and report to me that this has been done).

11월 18일 정보부 책임자는 처칠 수상에게 지시대로 가능한 모든 수단을 강구했다고 보고했다. 인원이 충원되고 봄베의 숫자도 많아졌다.

12월 7일 아침 일본 제국의 해군 비행기들이 미국 진주만을 기습 공격하고, 4일 뒤인 12월 11일 나치 독일이 미국에 선전 포고를 하면서 튜링은 암호 분석 업무에 더욱 몰두했다.

어쨌거나 튜링은 독일의 암호 해독에 지대한 공헌을 하게 된다. 대표적인 사례 중 하나가 '콜로서스Colossus'이다. 콜로서스는 이름 그대로 거대한 크기 때문에 붙은 명칭이다. 1943년 2월 개발이 시작된 지 11개월 만에 완성되어 12월에 선보인 이 기계는 진공관으로 만들어진 세계 최초의 디지털 컴퓨터이다. 1943년 12월 블레츨리 파크에 설치된 콜로서스가 독일군의 암호를 신속히 해독해준 덕분에 1944년 6월 연합군이 프랑스 노르망디 상륙 작전에 성공할 수 있었던 것으로 알려지고 있다.

그러나 세계 최초의 디지털 컴퓨터는 1946년에 선보인 에니악ENIAC, Electronic Numerical Integrator and Computer으로 여겨진다. 미국 육군이 수동으로 하던 탄도 계산 시간을 단축하기 위하여 미국 펜실베이니아 대학교 연구진들이 3년간 50만 달러를 투입해 완성한 에니악은 1만 7,500개의 진공관으로 구성되었으며 그 무게가 30톤에 이르렀다.

콜로서스가 에니악보다 먼저 개발되었음에도 불구하고 세계 최초의 디지털 컴퓨터라는 영예를 에니악에게 넘겨준 까닭은 비밀문서를 30년간 보존해온 영국 정부의 방침에 따라 콜로서스의 실체가 1975년에야 뒤늦게 발표되었기 때문인 것으로 알려지고 있다.

튜링이 블레츨리 파크의 정부신호암호학교(GC&CS)에서 독일 해군의 암호를 해독하는 기법을 창안한 것은 한두 가지가 아니다. 훗날 튜링의 노력 덕분에 연합군은 결정적인 국면에서 여러 차례 나치 독일에 승리할 수 있었고, 그 결과 유럽에서 전쟁을 2~4년은 앞당겨 끝낼 수 있었다. 요컨대 튜링은 전쟁 기간 단축에 기여해 수백만 명의 죽음을 미리 막아냈다고 평가할 수 있는 것이다.

1945년 4월 3일 히틀러가 자살하고, 5월 7일 독일군이 연합군에 항복하여 유럽에서 전쟁은 끝이 난다. 6월에 튜링은 런던의 국립물리연구소National Physical Laboratory(NPL)로부터 영국 정부가 보편 튜링 기계의 제작을 지원할 것이라는 소식과 함께 합류 제안을 받는다. 튜링은 국립물리연구소에서 보편 튜링 기계를 개발하기 위해 8호 막사 자리를 정리하고 조안 클라크와 동료들에게 작별 인사를 한다. 1945년 10월 1일부터 NPL에 출근한 튜링은 '자동 계산 기관Automatic Computing Engine(ACE)'을 설계한다. 1946년 2월 19일 튜링은 프로그램 내장식 컴퓨터(SPC)에 대한 최초의 설계로 평가되는 논문을 발표했다. 그러나 튜링은 ACE를 직접 제작할 기회를 갖지 못해 실의에 빠지게 된다(ACE는 튜링이 NPL을 떠난 뒤에 기본 구조만 제작되어 1950년 5월 처음으로 프로그램을 실행했지만 전체 구조가 제작된 적은 없다).

튜링 테스트

1947년 9월 튜링은 킹스 칼리지에서 연구원 생활을 다시 시작한다. 1939년 10월 이후 8년 만의 복귀였다.

1948년 5월 튜링은 맨체스터 대학교의 수학 교수로 채용되었다. 1949년에는 이 대학의 왕립협회 컴퓨터 연구소Royal Society Computing Laboratory의 부소장으로 임명되어 컴퓨터 개발에도 참여한다.

1949년 10월 27일 맨체스터 대학교 철학과에서 '마음과 계산 기계The Mind and the Computing Machine'에 대한 토론이 전개되었다. 튜링은 이 토론 주제에 대한 자신의 관점을 논문으로 발표했다. 1950년 10월 권위 있는 철학 학술지 《마인드Mind》에 실린 〈계산 기계와 지능Computing Machinery and Intelligence〉이다.

튜링은 이 논문의 첫 문장을 "나는 '기계는 생각할 수 있는가?'라는 질문을 숙고할 것을 제안한다"고 시작하면서 〔그림 2〕와 같이 '모방 게임imitation game'이라는 흥미로운 아이디어를 소개한다.

> 모방 게임은 어떤 남자(A)와 여자(B) 그리고 남자 또는 여자일 수도 있는 질문자(C) 세 사람에 의해 진행된다. 질문자는 다른 둘과 떨어져 어떤 방

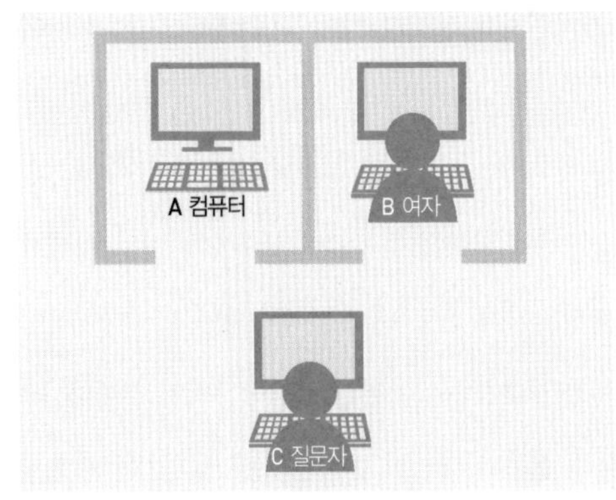

[그림 2] 튜링 테스트의 상황도.

안에 홀로 있다. 그 질문자의 게임의 목적은 나머지 둘 중의 누가 남자이고 누가 여자인지 알아내는 것이다. 그들은 질문자에게는 X와 Y로만 이름 붙여져 있고, 게임이 끝날 때 질문자는 "X는 A이고, Y는 B이다" 또는 "X는 B이고, Y는 A이다"고 말한다. 질문자는 이때 A와 B에게 다음과 같은 식으로 질문할 수 있다.

C: X는 나에게 그 남자의 또는 그 여자의 머리카락 길이를 말해줄 수 있나?

이제 X가 실제로 A라고 가정하면 A는 반드시 대답해야 한다. 이 게임에서 A의 목적은 C로 하여금 잘못된 확인을 하게 시도하는 것이다. 그러므로 A의 대답은 다음과 같을 것이다.

"내 머리카락은 층층이 가지런하게 잘려 있는데, 그중에서 가장 긴 것은 9인치 정도 된다."

목소리의 음조로 인해 질문자가 성별을 눈치채지 못하도록 하기 위해서 대답은 반드시 문서로 작성되어야 하고 타자로 제출되면 더 좋을 것이다. 두 개의 방이 텔레타이프teleprinter로 연결된다면 이상적일 것이다. 다른 방법으로 중개자를 통해 질문과 대답이 반복될 수도 있다. 이 게임에서 세 번째 참여자(B)의 목적은 질문자를 돕는 것이다. 그녀의 최선의 전략은 아마도 진실한 대답을 하는 것이다. 그녀는 자신의 대답에 "나는 여자예요. 그 남자의 답변에 귀 기울이지 마요!"와 같은 말을 덧붙일 수 있다. 그러나 남자도 비슷한 표현을 할 수 있기 때문에 그다지 소용이 없을 것이다.

이제 우리는 다음과 같은 질문을 한다. "이 게임에서 기계가 A의 역할을 한다면 어떻게 될까?" 이 게임이 이런 방식으로 진행되면 질문자는 게임이 남자와 여자 사이에 진행될 때와 마찬가지로 잘못된 결정을 내리게 될까? 이 질문은 원래의 질문, 곧 "기계들은 생각할 수 있는가?"를 대체한다.

튜링은 남자와 기계 사이에서 모방 게임을 할 때 남자와 여자 사이에 진행된 모방 게임에서 질문자가 남녀를 잘못 구분하는 것과 같은 정도로 판단을 잘못한다면, 그 기계는 사람처럼 지능을 갖고 있는 것으로 보아야 한다는 주장을 한 것이다. 다시 말해서 기계가 사람이 사고할 때 행동하는 방법과 구별이 불가능하게 행동한다면 그 기계가 사람처럼 생각하는 것으로 볼 수 있다는 아이디어이다.

모방 게임은, 기계가 생각한다고 말할 수 있는지 여부를 평가하는 일종의 시험이기 때문에 나중에 '튜링 테스트Turing test'라고 명명되었다. 튜링은 그의 논문 첫머리에서 스스로 던진 "기계는 생각할 수 있는가"라는 질문에 대해 "튜링 테스트에 합격된 기계는 생각할 수 있다"고 답변을 내놓은 셈이다.

튜링 테스트는 훗날 인공 지능artificial intelligence(AI) 학자들의 전폭적인 동의와 지지를 받았으며, 튜링 테스트에 합격하는 것과 같은 방식으로 사람의 지능을 시뮬레이션simulation할 수 있는 소프트웨어를 개발하는 것이 인공 지능의 궁극적인 목표가 되었다. 이런 맥락에서 튜링을 '인공 지능의 아버지'라 부르기도 한다.

동성애로 법정에 서다

1952년부터 튜링의 관심사는 기계의 지능보다는 '형태 발생morphogenesis'에 있었다. 유기체가 성장하면서 발생하는 모양과 패턴의 변화를 형태 발생이라 한다.

그는 1917년 영국의 동물학자이자 수학자인 다시 톰프슨D'Arcy Thompson, 1860~1948의 《성장과 형태On Growth and Form》를 읽은 것이 계기가 되어 오랫동안 형태 발생에 각별한 관심을 가졌다. 톰프슨은 20세기 최고의 명저 반열에 오른 이 책에서, 당대 최고의 석학답게 수려한 문장을 구사하여 생물의 성장과 형태를 체계적으로 설명했다. 이 책에서 톰프슨은 자연의 물리적 힘이 생물의 형태, 이를테면 꿀벌의 세포, 식물의 싹, 빗방울 등의 작은 것부터 잠자리의 날개, 숫양의 뿔, 공룡의 뼈대와 같은 큰 것까지 다양한 구조의 형성에 미치는 영향을 수학적 논리로 분석했다.

튜링은 1952년 발표한 논문인 〈형태 발생의 화학적 기초The Chemical Basis of Morphogenesis〉에서 시대를 앞서갔음은 물론이고 오늘날까지 거론되고 있는 독창적인 형태 발생 이론을 제시했다. 이 논문은 60여 년 뒤인 2014년 3월 실험에 의해 확인되기도 했다.

그러나 1952년은 튜링의 생애에 악몽 같은 사건이 발생한 시기이기도 하다. 아널드 머레이Arnold Murray, 1933~1989와의 운명적인 사랑으로 아픔을 겪어야 했기 때문이다. 두 사람은 1951년 성탄절 직전에 어느 극장 앞에서 우연히 만났다. 《앨런 튜링》은 아널드 머레이에 대해 상세히 설명하고 있다. 몇 가지 인적 사항을 간추려본다.

> 19세 청년인 아널드 머레이가 아는 최고의 음식은 빵과 마가린이었다. 그는 맨체스터의 빈민가에서 기술 학교를 다닌 뒤 몇몇 직업을 전전했는데, 가장 오랫동안 한 일은 안경테를 만드는 일이었다. 1951년 7월 런던으로 와서 좀도둑질을 하다 붙잡혔고, 맨체스터로 돌려보내져 보호 관찰에 처해졌다. 머레이는 여성과 완벽한 관계를 꿈꾸며 성관계도 했지만 남

성과 함께할 때 피어나는 도덕성의 부재를 좋아했다. 동성연애를 자신이 동경하는 엘리트 계층에 속한 무언가 특별한 것으로 여겼다.

튜링은 처음 본 머레이에게 레스토랑에서의 점심을 제안했다. 창백한 피부와 파란 눈, 파리한 몸, 벌써부터 벗겨지기 시작한 머리카락을 가진 머레이는 더 나은 삶을 위해 필사적으로 몸부림치고 있었다. 튜링은 이런 머레이가 길 잃은 양처럼 보였고, 그래서 연민을 느꼈다.

튜링은 1월 초에 머레이를 집에 초대했다. 머레이는 튜링이 하자는 대로 했고 밤늦게까지 머물렀다. 1월 14일 머레이는 튜링의 집을 두 번째로 방문한다. 이때 두 사람의 관계는 더욱 진지해져서 머레이는 하룻밤을 묵고 간다. 튜링은 머레이에게 돈을 주려했으나 거절당했다. 머레이는 남창이라는 꼬리표가 달리는 것을 원치 않았기 때문인 것 같다.

1월 23일 튜링의 집에 도둑이 들었다. 셔츠, 바지 한 벌, 신발 몇 켤레, 생선용 칼 몇 자루, 면도기, 나침반 등 도난당한 물품들은 대단한 것들이 아니었지만 튜링은 경찰에 신고했다. 튜링은 머레이의 소행으로 의심하고 절교를 통보했지만 허사였다. 머레이는 2월 2일 튜링을 찾아와서 절도 용의자를 귀띔했고, 튜링은 경찰에 이를 알려주었다. 튜링과 머레이는 옛날처럼 그날 밤 잠자리를 같이했다.

형사들이 절도 용의자에 대한 수사를 하는 과정에서 튜링과 머레이의 성적 관계가 들통나고 말았다. 그 당시 동성애는 영국 형법에 어긋나는 중대 외설 행위gross indecency였다. 3월 31일 튜링은 재판을 받았다. 그에게는 감옥에 가는 대신에 의사로부터 정기적으로 성충동을 억누르는 에스트로겐 주사를 받는 조건으로 1년간 보호 관찰probation 처분이 내려졌다. 머레이는 조건부 방면conditional discharge으로 풀려났다.

《앨런 튜링》은 이로부터 2주 후인 4월 17일 튜링이 지인에게 보낸 편지를 소개한다.

> …… 저는 1년간 꼼짝없이 감시를 받게 생겼고, 이 기간 동안 장기 요법 치료를 받아야만 합니다. 이 요법은 치료를 받는 동안에는 성적 욕망을 감소시키지만 중단하면 다시 예전 상태로 돌아간다고 하네요. 이들이 맞길 바랍니다. 정신과 의사들은 정신 치료가 시간 낭비라고 생각하는 것처럼 보입니다.

튜링은 에스트로겐 주사를 맞는 약물 치료 때문에 발기 불능이 되었다. 일종의 화학적 거세를 당한 셈이다. 보호 관찰 기간은 1953년 4월에 종료되었다.

청산가리와 사과

그로부터 1년여가 지난 뒤인 1954년 6월 8일 오후 5시 튜링의 집에 도착한 가사 도우미는 그가 침대에 단정하게 누워 있는 것을 보았다. 그의 입술 주변에는 거품이 묻어 있었다. 집 안에는 시안화칼륨(청산가리)

이 한 병 있었고, 침대 옆에는 절반쯤 베어 먹다 남은 사과가 한 개 놓여 있었다. 검시 결과 튜링은 마흔두 번째 생일을 16일 앞둔 6월 7일 밤에 스스로 목숨을 끊은 것으로 결론지어졌다. 사인은 청산가리 중독으로 밝혀졌다. 6월 12일 튜링의 어머니 새러 튜링Sara Turing, 1881~1976과 형이 지켜보는 가운데 튜링은 화장되었고, 그가 남기고 간 한 줌의 재는 아버지의 재가 뿌려졌던 곳과 같은 장소에 흩날렸다. 그 자리에 튜링의 추모비는 세워지지 않았다.

튜링이 자살한 것으로 판명되었음에도 불구하고 그의 죽음이 사고라고 주장하는 사람들도 적지 않았다. 특히 튜링의 어머니가 자살 판정을 수용하지 않았다.

1959년 새러 튜링은 아들의 전기인 《앨런 튜링》을 펴냈다. 1979년 더글라스 호프스태터는 《괴델, 에셔, 바흐》에 이 전기를 다음과 같이 요약했다.

> 그녀가 술회하는 튜링의 면모에 따르면, 튜링은 매우 비전통적이었고 고지식했을 뿐만 아니라, 세상일에 너무 쉽게 상처받을 정도로 민감하고 자존심이 강한 사람이었다고 한다.
>
> 또한 여러 가지 게임과 체스를 좋아했고, 어린이들을 사랑했으며, 자전거를 즐겨 탔고 게다가 탁월한 장거리 선수이기도 했다. 케임브리지 학창 시절에는 중고 바이올린을 하나 사서 독학으로 연주를 익히기도 했다. 음악적인 소질은 별로 없었지만 음악에서도 큰 기쁨을 얻었다. 그는 다

소 편집광적이었으며 가끔 엉뚱한 일에 몰두하며 열을 올리기도 했다. 그의 주요 연구 영역 중의 하나는 바로 생물학의 형태 발생의 문제였다. 특히 디킨스의 소설인 《피크위크 클럽의 기록》을 좋아했지만, 셰익스피어를 제외한 모든 문학에는 무관심했다.

튜링의 생애는 1983년 앤드루 호지스가 펴낸 768쪽 분량의 전기 《앨런 튜링》에 의해 일반 대중에게 더 널리 알려졌음은 물론이다.

사후 59년 만의 사면

튜링은 컴퓨터과학자, 수학자, 논리학자, 암호 분석가, 생물학자로서 탁월한 업적을 남긴 인물로 평가받았으며 특히 컴퓨터과학의 아버지, 인공 지능의 아버지로 추앙되기도 한다.

1966년부터 천재 수학자를 기리기 위해 튜링상Turing Award이 '미국컴퓨터학회Association for Computing Machinery(ACM)'에 의해 시상되었다. 이는 노벨상에 맞먹는 권위를 지니고 있다.

앤드루 호지스의 《앨런 튜링》을 바탕으로 만들어진 희곡 〈암호를 해독하다Breaking the Code〉가 1986년 11월부터 런던에서, 1987년 11월부터 뉴욕에서 무대에 오르면서 튜링의 삶이 일반 대중의 인구에 회자되기 시작했다. 1996년에는 영국 BBC에서 텔레비전 드라마로 방영되어 튜링의 삶에 대한 대중의 관심이 고조되었다.

1999년 미국 시사주간지 《타임Time》은 튜링을 20세기의 가장 중요한 인물 100인에 선정하고, 튜링 기계 덕분에 인류가 정보 기술을 사용하게 된 것이라고 강조했다.

한편 2002년 BBC가 위대한 영국인 100명에 대해 전 국민을 대상으로 실시한 여론 조사에서 튜링은 21위로 자리매김했다.

2009년 9월 영국의 수상 고든 브라운은 1952년 튜링을 동성애로 단죄하고 약물 치료로 화학적 거세를 시킨 정부의 처사에 대해 사과문을 발표했다. 2009년 8월부터 인터넷에서 영국 정부의 사과를 요구하는 서명 운동이 일어나 3만 명 이상이 청원에 동참함에 따라 사과문을 발표하게 된 것이다. 고든 브라운은 다음과 같이 사과했다.

> 튜링이 그 당시 법률로 처리되어 우리가 시곗바늘을 뒤로 돌릴 수는 없지만, 그에 대한 처벌은 지극히 불공정한 것이며, 그에게 일어났던 일에 대해 우리 모두가 얼마나 깊이 미안하게 생각하고 있는지 말할 기회를 갖게 되어 나는 기쁘게 생각합니다. 영국 정부 그리고 튜링의 연구 덕분에 자유롭게 살고 있는 모든 사람을 대신해서 나는 다음과 같이 말하게 되어 정말 자랑스럽게 생각합니다. 우리가 미안합니다. 그대는 훨씬 더 좋은 대우를 받아야만 했습니다.

2011년 5월 25일 미국의 버락 오바마 대통령은 영국 의회에서 연설하는 도중에 튜링을 뉴턴, 다윈과 함께 영국을 대표하는 과학자로 뽑았다.

2011년 12월 인터넷에서 영국 정부에 튜링에게 중대 외설 행위로 유죄 선고를 내린 것에 대해 사면해줄 것을 청원하는 서명 운동이 전개되었다. 3만 7,000명 이상이 서명에 참여했다. 사면의 타당성을 놓고 정부 안에서 갑론을박이 오간 끝에 스티븐 호킹 등 저명인사들의 건의를 참작해서 결국 튜링을 사면하는 쪽으로 가닥이 잡혔다. 2013년 12월 24일 성탄절 하루 전에 영국 정부는 엘리자베스 2세 여왕이 튜링의 중대 외설 행위 범죄를 사면하는 서명을 했다고 발표했다. 이로써 튜링은 사후 59년 만에 사면을 받게 된 것이다. 정부 발표문에는 "튜링이 제2차 세계대전 중에 엄청난 기여를 한 것은 기억되어야 한다"는 표현이 들어 있다. 여왕은 튜링이 2014년 8월에 사면된다고 공식적으로 발표했다. 이는 제2차 세계대전이 끝난 뒤 영국 왕실에서 내린 네 번째 사면일 정도로 예외적인 경우였기 때문에 일부에서 비판의 목소리를 내기도 했다. 튜링과 똑같은 죄로 기소된 아널드 머레이는 사면을 받지 못했다.

2014년 11월 앤드루 호지스는 《앨런 튜링》을 재출간하고 서문을 새로 썼다. 더글러스 호프스태터의 추천사도 새로 추가되었다. 그는 추천사에서 "오늘날 우리가 나치 치하에 살고 있지 않은 것도 상당 부분 튜링 덕분이라고 말해도 좋을 것"이라고 썼다.

호지스는 서문에 1952년 초에 튜링이 친구에게 보낸 것으로 여겨지는 편지의 일부를 다음과 같이 소개했다.

튜링은 기계가 생각한다고 믿는다.

튜링은 남자와 동침한다.

고로 기계는 생각하지 않는다.

앨런 튜링의 주요 논문

- "On Computable Numbers, with an Application to the Entscheidungsproblem", Proceedings of the London Mathematical Society, Ser. 2. Vol. 42(1936), pp230–265.
- "Computing Machinery and Intelligence", Mind, Vol. LIX. No 236(1950. 10), pp433–460.
- "The Chemical Basis of Morphogenesis", Philosophical Transactions of the Royal Society of London, B237(1952), pp37–72.

참고 문헌

- 이인식, 《사람과 컴퓨터》, 까치, 1992.
- 이인식, 앨런 튜링, 《103인의 현대사상》, 민음사, 1996, 625~631쪽.
- 이인식, 《지식의 대융합》, 고즈윈, 2008.
- Andrew Hodges, *Alan Turing*, 2014 / 《앨런 튜링의 이미테이션 게임》, 김희주 · 한지원 역, 동아시아, 2015.
- Douglas Hofstadter, *Gödel, Escher, Bach*, Basic Books, 1979, pp594–632 / 《괴델, 에셔, 바흐》, 박여성 역, 까치, 1999.
- Douglas Hofstadter, Daniel Dennett , *The Mind's* I, Basic Books, 1981, pp53–68.
- Douglas Hofstadter, *Metamagical Themas*, Basic Books, 1985, pp483–491.
- Michael Arbib, *Brains, Machines, and Mathematics*, Springer Verlag, 1988, pp121–142.
- Roger Penrose, *The Emperor's New Mind*, Oxford University Press, 1989, pp30–73.
- Ian Stewart, *Fearful Symmetry*, Blackwell, 1992, pp149–188.
- Ray Kurzweil, *The Singularity Is Near*, Loretta Barrett Book, 2005 / 《특이점이 온다》, 김명남 역, 김영사, 2007.
- Michio Kaku, *The Future of the Mind*, Doubleday, 2014 / 《마음의 미래》, 박병철 역, 김영사, 2015.

Scientists In Love

10년 동안 내 영혼을 예속시킨 남자와 사랑에 빠져 행복했다……

잃어버린 사랑은 그 무엇으로도 채울 수 없다.

적어도 그것만은 배울 수 있었다.

chapter

06

과학과 역사에 혁명의 씨앗을 뿌린 연인

에밀리 & 볼테르

최세민

글쓴이 **최세민**

학부에서는 생물학과 영어영문학을 전공했고, 이후 이화여자대학교 통번역대학원 번역학과를 졸업했다.
《세계영화연구》, 《오늘의 SF 걸작선》(공역), 《마리 퀴리》, 《마담 사이언티스트》, 《아이리스와 마법의 신화책》, 《화성의 공주》, 《조던의 아이들》, 《태양계의 놀라운 신비》, 《두려운 마음 버리기》 등을 번역했고, 그래픽 노블로 〈트랜스포머〉와 〈배트맨〉 시리즈도 다수 번역했다.
〈반지의 제왕〉, 〈스타크래프트 2〉, 〈WOW〉 등 여러 게임의 한글화 작업에도 참여했다.

왜 에밀리와 볼테르인가

연애, 또는 로맨스가 넘쳐나는 시대이다. 텔레비전을 틀면 드라마마다 내세우는 배경은 다르지만 주인공들은 하나같이 연애를 한다. 병원에서는 의사들이, 법정에서는 법조인들이, 회사에서는 직장인들이, 학교에서는 학생들이 연애를 한다. 예능에서도 출연진 중 남녀를 엮어서 이른바 '썸남 썸녀'를 만들지 못해 안달이고, 남녀 방송인이 결혼한 척하며 같이 생활한다는 어린애 소꿉장난 같은 콘셉트의 프로그램은 이제 슬슬 장수 프로그램의 대열에 끼어들고 있다.

현실에서도 연애담은 넘쳐난다. 인터넷 카페에는 "솔로 천국 커플 지옥"을 외치며 너도나도 '모태 솔로다, 마법사 되기 직전이다'라는 댓글로 아우성이지만, 그에 못지않게 남녀 사이의 고충을 털어놓는 게시판이나 연애 상담을 해주는 블로그에도 댓글이 우글우글하다. 문득 호기심이 일어 연애 상담 블로그의 세계를 검색해보니 그 숫자도 많고, 상담

에밀리의 초상화. 그녀는 수학과 과학에 재능이 많았지만 시대의 제약으로 능력을 발휘하는 데 곤란을 겪었다.

해주거나 상담을 받는 사람들의 연령대도 다양하다. 아예 매주 개인에게 구체적인 상담을 해주고 그 내용을 정리해서 올린 글도 있다. 심지어 이렇게 쌓인 블로그의 글을 모아 책을 낸 사람들도 있다.

이 글을 쓰기 위해 이런저런 검색을 하다 그동안 모르고 있던 넓고 넓은 연애담의 세계를 접하니 주눅이 든다. 21세기 대한민국의 일상을 치열하게 살아가는 남녀를 대상으로 하는, 더 이상 구체적일 수 없게 생생한 일대일 연애 상담 글들이 클릭 몇 번만 하면 넘쳐나는데, 케케묵은 18세기의 연애담을 굳이 꺼내야 할 이유가 있을까? 현대인의 눈으로는 '정상'으로조차 보이기 힘든 혁명 전의 프랑스 사회, 게다가 대문호 겸 사상가와 여성 과학자라는 드물고도 낯선 남녀의 연애담이 도대체 먹히기나 할까?

하지만 잘 들여다보면, 시대와 장소만 다를 뿐이지 두 사람의 연애담은 오늘을 살아가는 우리의 연애와도 닮은 구석이 많다. 초기의 불같은 감정, 그 감정이 식은 후의 적당한 긴장감과 적당한 허세, 대화 부족에서 오는 사소한 오해와 상대의 감정을 어긋나게 넘겨짚은 배려가 쌓이면서 조금씩 뒤틀어지는 사이, 그리고 홧김에 내뱉은 이별 선언과 뒤늦은 후회까지……. 지금도 남아 있는 편지와 각종 사적인 자료들을 보면, 마치 오늘날 몇 년 동안 사귄 연인들이 주고받은 카카오톡 메시지를 들여다보는 듯한 생동감(그리고 어쩔 수 없이 연애에 따라오는 찌질함)이 넘쳐난다. 이래서 동서고금을 막론하고 연애담은 '한 끗 차이'일 뿐이고, 그래서 내 얘기인 듯 아닌 듯한 동질감과 이질감에 다들 공감과 호기심을 느끼는 것인지도 모르겠다.

그리고 에밀리와 볼테르의 연애에는 그 이상의 의미가 있다. 두 사람은 단순한 연인을 넘어 정신적 동반자의 관계로 발전했고, 서로를 자극하고 격려하며 서로의 분야에서 더욱 위대한 업적을 쌓게 했으며, 결국 프랑스 대혁명의 계기가 된 계몽사상을 탄생시켰기 때문이다. 에밀리가 없었다면, 볼테르는 당대에는 이름을 날렸으나 곧 잊히는 작가로 남았을 것이다. 볼테르가 없었다면, 에밀리는 프랑스 대혁명 직전 18세기를 살았던 섹시한 정부情婦 중 한 명으로서 기껏해야 《18세기 대혁명 이전 프랑스 귀족의 삶》 같은 책에 몇 줄 언급되는 정도로 그쳤을 것이다. 에밀리와 볼테르가 연애를 하지 않았다면, 프랑스는 오늘날의 프랑스가 되지 못했을지도 모른다.

무엇이 이들의 연애를 그렇게 특별하게 만들었는지, 그 무엇이 오늘을 살아가는 우리들의 연애에도 특별함을 안겨줄 수 있을지 한번 살펴보자.

프랑스 대혁명 전의 프랑스

250년 전의 연애담을 소개하기 전에 먼저 깔아야 할 멍석이 있다. 첫째로 두 주인공의 이름 문제, 둘째로는 주인공들이 살았던 시대 배경부터 소개하고 넘어가야 한다.

첫째, 이름. 먼저 에밀리부터. 에밀리의 처녀 적 성은 드브르퇴유이고(에밀리 드브르퇴유가 아니라 프랑스 명문 출신답게 사실은 앞뒤로 더 줄줄이 붙지만 여기까지만 하자) 결혼한 후의 성은 뒤샤틀레이다(이거보다 좀 더 복잡하지만 역시 여기까지만). 그러니 정식 명칭으로는 '뒤샤틀레 부인'이라 해야 하겠고 실제로도 이렇게 불리는 경우가 많다. 하지만 이 글에서는 《마담 사이언티스트》와 《E=mc²》의 저자 데이비드 보더니스가 제안한 대로 '에밀리'라고만 하겠다. '에밀리'는 태어나면서부터 죽을 때까지 바뀌지 않은 이름이기도 하고, 볼테르가 이렇게 부르기도 했고, 남아 있는 여러 편지를 보면 에밀리 자신도 이 이름을 선호했다.

한편 볼테르의 경우는 성도 이름도 아닌 '볼테르'로 불린다. 에밀리를 '에밀리'라고 부르면 볼테르도 이름인 '프랑수아 마리 아루에'로 불러야겠지만, '볼테르'라는 호칭은 프랑수아 마리 아루에가 젊은 시절 작가인 자신에게 직접 붙인 필명이다. 그러니 이 경우는 본인이 원했던 대로 볼테르라고 불러주는 것이 옳으리라.

둘째, 시대 상황. 볼테르는 1694년에 태어나 1778년까지 살았고, 에밀리는 1706년에 태어나 1749년까지 살았으니 둘 다 프랑스 대혁명이 일어나기 전에 사망했다. 1789년 프랑스 대혁명이 일어나기 전의 프랑스는 유럽의 최강대국이었으나 지금의 프랑스와는 많이 다르거니와 현대인의 눈으로 볼 때는 기괴하기까지 한 사회였다. 왕은 가톨릭교회에서 그 권위를 보장받았기에, 가톨릭 신자가 아닌 사람은 이단이자 왕권에 반기를 든 반역자로서 고문당하고 노예로 전락해야 마땅했다. 귀족은 돈을 벌기 위한 행위는 일절 하지 않고 세금을 안 내는 것이 당연했으며, 귀족 남녀는 결혼 후에는 떨어져 살면서 가톨릭에서 규정한 결혼의 겉모습을 유지하는 한은 애인을 두고 욕정을 채우는 것이 허용되었다. 의사들은 위생 관념이라고는 아예 없었으며 어떤 환자든 무조건 피를 대량으로 뽑아내는 사혈 요법으로 치료를 했고, 동성애자는 공공장소에서 잔인하게 처형당한 다음 쓰레기장에 버려졌다.

여성은 아무리 재능이 뛰어나더라도, 그나마 운신의 폭이 넓은 귀족이라 해도, 자신의 삶을 살아갈 수가 없었다. 혼자서 집 밖으로 나가는 것은 꿈도 꾸지 못했고, 지참금 액수와 가문의 힘에 따라 부모가 골라준 남자와 결혼해야 했으며, 외모를 가꾸고 사교계에 얼굴을 내미는 데 시간을 쏟아부어야 했다. 더구나 문학이나 예술도 아니고 수학과 과학에 재능이 있는 여성이라면 그 재능을 펼칠 기회는 0에 가까웠다. 남자들은 물론이고 여자들도 수학을 이해하는 여자가 있다는 것을 아예 믿으려 하지 않았다. 심지어 에밀리 사후 몇십 년 후에 이마누엘 칸트(그 철학자 칸트 맞다)가 "샤틀레 부인이 그런 탁월한 업적을 남겼다고 주장하는 것은 여자가 턱수염을 길렀다는 것만큼이나 터무니없는 소리"라고 쓸 정도였으니까. 지금부터 소개하려는 연인들은 이런 시대를 살아내야 했다.

에밀리

에밀리는 1706년 프랑스 귀족 드브르퇴유 가문의 막내딸로 태어났다. 아버지 루이 니콜라는 베르사유의 의전관儀典官으로 신분도 높았고, 외국 고위 관리에게 왕(루이 14세)을 알현할 기회를 주고 돈을 받았기에 재산도 많았다. 어머니 가브리엘 안느는 수녀원에서 자란 전형적인 귀족 부인으로 딸에게 냉담했으며, 딸이 사교계의 예의범절 따위에는 관심이 없고 가정 교사가 가르칠 수 있는 범위를 넘어설 정도로 책을 많이 읽고 공부를 한다는 사실에 충격을 받았다. 하지만 에밀리의 아버지는 딸이 재능을 펼치도록 능력껏 도와주었다. 귀족 여자라 해도 교육이라고는 수녀원에서 자수나 배우는 것이 고작이고, 유럽 사상가들조차 여자는 남자보다 모든 면에서 열등하다고 확신하던 시절이니, 가히 독특하다고 할 만하다. 그는 딸에게 승마와 펜싱을 가르치고, 당대의 과학자를 저녁식사에 초대해서 강의에 가까운 이야기를 들려주게 하고, 딸이

볼테르의 초상화. 에밀리와 볼테르의 연애는 불륜이었지만 과학사에 혁혁한 업적을 남겼다.

책에서 알아낸 것을 말하면 진지하게 귀를 기울였다.

에밀리는 자신이 하고 싶은 일을 하기 위해 할 수 있는 일을 다했다. 왕실 근위대장에게 검술 시합을 신청해서 구름같이 모여든 사람들 앞에서 매서운 솜씨로 무승부를 기록, 재산과 신분을 노리고 달려드는 구혼자들을 혼비백산 도망치게 만들었고, 루이 14세가 죽어 아버지의 돈줄이 끊기는 바람에 책을 많이 살 수 없게 되자 수학 지식을 도박판에서 응용해서 돈을 따고 책을 사들였다(당시 귀족들은 남녀를 불문하고 도박을 즐겼다). 이쯤 되자 이해심 넓던 (요즘 식으로 말하면 '딸바보'였던) 에밀리의 아버지도 "그 애는 매일 책을 읽는 여자에게는 신이 결혼을 허락하지 않으신다는 걸 모른다"고 한탄하게 되었다.

하지만 에밀리도 결국 평범한 귀족 처녀의 길을 걷지 않을 수 없었다. 언제까지나 아버지의 비호를 받을 수도 없었고, 결혼을 하지 않으려면 수녀원에 들어가 죽을 때까지 자유라고는 없는 삶을 살아야 했다. 결국 그녀는 열여덟 살에 주변 사람들의 추천을 받아 당시 30대였던 플로랑 클로드라는 군인 귀족과 결혼했다. 플로랑 클로드는 젊은 아내에게 친절했고, 책을 많이 읽는다고 타박하기는커녕 똑똑한 아내를 얻었다고 자랑스러워했으며, 주둔지에 나가 있는 동안 아내의 연애 생활이 어떻든 간섭하지 않았다(물론 자신도 주둔지에서 다른 여자들과 마음껏 즐겼다).

하지만 에밀리는 행복하지 않았다. 자신감을 잃었다고 해야 할 것이다. 아버지가 돌아가신 후로 그녀를 이해해주는 사람은 없었다. 남편은 그녀를 존중하기는 했지만 늘 멀리 떨어져 있었고 아내의 지성을 이해할 능력은 되지 않았다. 에밀리 주변의 여자들은 물론이고 남자들 중에도 말 상대가 되어줄 만한 지적 수준을 지닌 사람은 없었다. 대학이나 파리의 과학 아카데미는 물론이고 지식인 모임도 여성은 받아주지 않았다. 결혼 직후 아들과 딸이 태어났지만 당시 귀족 여성이 직접 자녀를 돌보는 것은 '미개한' 일로 여겼기에 에밀리는 아이를 키우는 어머니의 기쁨도 누릴 수가 없었다. 인터넷은 고사하고 전화, 텔레비전, 라디오도 없고 신문이나 잡지를 꼬박꼬박 배달받아 볼 수도 없던 시절이다. 더 공부하고 싶지만 공부할 길은 없고, 이대로라면 죽을 때까지 내가 아는 것이 맞는지조차 확인하지 못하리라는 그 고립무원의 아득함은 현대인이 상상하기 어려울 정도였을 것이다. "남자에게는 영광을 얻을 길이 많지만, 여자는 그렇지 못하다. 그러나 더 많은 것을 원하는 영혼을 타고난 사람이라면, 적어도 독학으로 마음의 위로를 얻을 수 있다"라는 말로 스스로를 위로해도 소용이 없었으리라.

그러다가 스물두 살이 되던 해, 에밀리는 진지한 열정에 불타올라 서로를 알아주는 상대를 만난다는 기쁨이 무엇인지 알게 된다.

첫 번째 연인

이쯤에서 우리의 또 다른 주인공 볼테르가 나타날 때가 된 것 같지만 아직은 아니다. 스물두 살의 에밀리에게 처음으로 사랑이라는 감정을 일깨워준 남자는 당대 사교계 최고·최강의 남자, 리슐리외 공작이었다. 과학 연구를 갈망하던 에밀리의 이상적인 동반자는 아니었지만, 에밀리는 이 남자와의 관계에서 앞으로의 인생을 살아갈 중요한 자신감을 얻었다.

리슐리외 공작은 당대의 거의 모든 여자들이 선망하던 남자였다. 뒤마의 《삼총사》에 나오는 리슐리외 추기경의 자손인 데다(참고로 리슐리외 추기경은 《삼총사》에서는 악당으로 나오지만 사실 프랑스를 유럽의 강국으로 만드는 데 큰 공헌을 했다) 상당한 재산도 물려받았으니 그야말로 금수저를 입에 물고 태어난 셈이다. 게다가 이 정도 귀족이면 응석받이로 자라나 무능한 경우가 많으나, 리슐리외는 군인으로서도 정치가로서도 탁월했다. 대영 제국의 군대를 두 번이나 패퇴시켰고, 빈 대사로 임명되어 평화 협정을 조율하기도 했다.

이 정도만 해도 사교계의 총아로 부족한 것이 없겠지만, 리슐리외라는 개인의 매력도 상당했다. 그는 부드러운 외모에 유머 감각을 갖추었으며 무엇보다 여성의 이야기를 잘 들어주었다. 이런 남자를 마다할 여자는 거의 없겠지만, 문제는 리슐리외도 열 여자를 마다하지 않았다는 사실이다. 그는 여자들이 자신의 매력에 저항하지 못한다는 사실을 잘 알고 있었고, 그 사실을 십분 활용했다. 리슐리외의 연애 행각이 어찌나 화려했던지, 한 세대 후 피에르 쇼데를로 드라클로는 《위험한 관계》라는 소설을 쓰면서 리슐리외를 모델로 남자 주인공 발몽을 창안했다. 프랑스 대혁명 전의 타락할 대로 타락한 프랑스 사교계를 서간체로 묘사한 이 소설은 18세기 프랑스 문학의 백미이며, 오늘날까지도 여러 형식으로 재해석되고 있다. 배용준, 이미숙, 전도연이 주연한 영화 〈스캔들 : 조선남녀 상열지사〉도 바로 이 소설의 내용을 각색한 것이다.

마음만 먹으면 왕녀까지도 애인으로 둘 수 있던 리슐리외 공작이 키가 크고 우아한 몸매를 지닌 미녀이기는 했으나 사교계에서는 무명이나 다름없는 에밀리와 어떻게 만나서 사랑에 빠지게 되었는지는 정확히 알 수 없다. 하지만 두 가문은 먼 친척 관계였고, 에밀리가 리슐리외의 누이 집을 드나든 적이 있으므로 자연스럽게 마주칠 일은 있었을 것이다.

대중 장르의 흔하디흔한 클리셰를 비꼬는 표현 중에 여자가 오만한 재벌 집안(이거나 기타 오만한 성격을 갖게 하는 조건을 갖춘) 남자에게 다가가 다짜고짜 뺨을 후려치면, 남자가 "너 같은 여자는 처음인데? 사귀자"라고 말한다는 우스갯소리가 있다. 그런데 리슐리외는 정말로 에밀리의 색다른 매력에 빠져 그녀를 사랑하게 되었다. 자신이 이전에 손에

넣었던 여자들 중에 당대의 사상가들이 저술한 책의 내용을 논하거나, 우주의 신비를 들려주거나, 탁월한 통찰력과 이해력으로 자신과 생각을 공유하고 더 나아가 마음을 읽는 여자는 없었던 것이다. 어쩌면 "너 같은 여자는 처음인데? 사귀자"와 비슷한 대사를 읊었을지도 모르겠다. 두 사람은 프랑스 사교계 여자들의 질투를 뒤로한 채 잠자리를 같이하고 편지를 주고받았다.

하지만 리슐리외는 에밀리가 진정으로 원하는 삶, 과학으로 향하는 길을 열어줄 수 있는 남자는 아니었다. 과학에 관심을 갖거나 연인의 과학 연구를 후원하기에는 손만 뻗으면 누릴 수 있는 쾌락의 원천이 너무나 많았다. 에밀리는 처음부터 이 사실을 알고 있었고, 리슐리외 역시 자신의 내면을 속속들이 파악하는 여자와는 연인 관계를 유지하기가 점점 버거워졌다. 결국 리슐리외는 이런 관계를 정리하기로 마음먹었다.

그런데 에밀리가 리슐리외의 결별 선언에 어찌나 우아하게 대처했는지, 그 후로도 두 사람은 평생 동안 편지를 주고받으며 친구 관계를 유지했다. 나중의 일이지만 볼테르와 리슐리외도 어릴 때 예수회 학교 동창으로 만났던 우정을 에밀리를 통해 더욱 확고히 다졌다. 볼테르는 에밀리가 자신에게 흥미를 잃자 그때까지 미혼이었던 리슐리외를 결혼시키는 작전에 에밀리를 끌어들여 그녀의 관심을 되돌렸고, 에밀리와 다시 정사를 벌일 가능성을 항상 열어놓고 싶어서 두 사람의 중매를 내키지 않아 했던(자신의 결혼을 추진했던 친구에게 오쟁이를 지우는 셈이 되니까) 리슐리외에게 나중에 에밀리와 다시 친밀해지더라도 자신은 상관

않겠다며 안심시키기까지 했다. 아침 방송 막장 드라마의 줄거리 같은 소리지만 당시에는 그다지 이상한 일이 아니었다.

리슐리외 공작이 세계 역사에 기여한 것이 한 가지 더 있다. 공작은 1756년 미노르카 섬의 마옹Mahon 항구에 있는 영국군 기지를 습격해서 승리했는데, 이때 그가 데리고 다니던 요리장이 계란과 기름을 섞어 간단한 소스를 만들었다. 처음에는 항구 이름을 따서 'mahonnaise'라 불렸던 이 소스는 나중에 '마요네즈mayonnaise'가 된다. 마요네즈의 기원에는 여러 가지 설이 있지만 리슐리외 공작과 관련이 있는 이 설이 가장 유력하다. 술자리에서 마른 오징어나 한치와 함께 '마요네즈+고추장'이 나오면 이 이야기를 한번 써먹어보시라. 요즘은 뇌가 섹시한 것도 연애에 필요한 매력이니까.

볼테르

이제야 진짜 주인공 볼테르가 나타날 차례다. 볼테르의 본명은 프랑수아 마리 아루에였고, "드"나 "뒤"가 붙지 않은 성에서 짐작이 가듯 귀족이 아니다. 볼테르는 공증인 집안에서 태어났다. 그러니까 전형적인 부르주아인 셈이다. 어려서부터 문학에 재능을 보였고 문인이 되고 싶어 했으나, 아버지는 법률 학교에 가서 자신의 뒤를 이을 것을 강요했다. 어쩔 수 없이 법률 학교에 적을 두기는 했으나 사교계를 드나들며 그저 그런 시인으로 조금씩 이름을 알리던 중, 당시 섭정인 오를레앙 공의 성적 탈선을 조롱한 시를 썼다는 이유로 스물세 살에 바스티유 감옥에 갇혔다. 사실 자신이 쓴 시는 아니지만 인정받고 싶은 마음에서 거짓말한 것이었다. 어차피 비슷한 내용의 시를 쓰기도 했었고.

허세 때문에 감옥에 갇히게 되었고 감방 안에서도 책과 갖가지 물품들을 들여오며 또 허세를 부리기는 했으나 당시의 바스티유 감옥이 그리 살기 좋은 곳은 아니었을 터! 쥐와 이가 우글거리는 어두컴컴한 감방에서 아루에는 지금까지의 한량 생활을 청산하고 진정한 시인으로 거듭나기로 결심한다. 그동안 끼적거리기만 하던 희곡 〈오이디푸스〉를 진지하게 완성해나가고, 내친김에 아무 도움도 되지 않는 아버지와 가문도 버리기로 마음먹은 후 본명의 철자를 이리저리 바꾸어 '볼테르'라는 이름을 만들어냈다.

약 1년 후인 1718년, 감옥에서 석방된 아루에, 아니 이제 볼테르는 〈오이디푸스〉를 완성해서 무대에 올렸다. 연극은 그야말로 대박을 쳤다. 우아하면서도 교묘하게 프랑스 교회와 사회의 위선을 풍자한 대사는 귀족도, 부르주아 계급도 만족시켰다. 사교계에서는 이 천재 시인을 초청하고 싶어 안달이었다. 명성은 영국까지 전해져 조지 1세가 메달을 하사할 정도였고, 볼테르를 감옥에 가두었던 오를레앙조차 이제 유명해진 젊은 시인에게 사과의 뜻을 전했다.

하지만 아직 볼테르는 프랑스의 기성 체제에 도전하겠다는 의사는 없었다. 그의 재능은 섬뜩할 정도의 위트에서 빛을 발했고 그 위트를 프

뉴턴에 관한 볼테르의 책에 실린 삽화. 뉴턴으로부터 나온 빛이 에밀리를 거쳐 볼테르에게 전달된다.

랑스 사회를 비판하는 데 쓰기도 했지만, 거기까지였다. 그는 문호 대접을 받으며 귀족 친구들과 어울리는 생활에 젖어들었고, 도를 넘은 비판으로 이런 즐거운 인생에 종지부를 찍고 싶지 않았다.

하지만 목표 의식 없이 그저 즐기기만 하던 볼테르에게 인생을 바꾸는 사건이 터진다. 평소 볼테르의 재치에 늘 망신을 당해 앙심을 품고 있던 드로앙이라는 귀족이 사람들을 시켜 길거리에서 볼테르를 두들겨 팬 것이다. 볼테르는 귀족 친구들에게 도움을 청했으나 그에게는 놀랍게도 귀족들이 차갑게 등을 돌렸다. 그들에게는 시 좀 읊을 줄 알길래 어울려 놀아준 평민 글쟁이가 주제도 모르고 깝죽거리다가 동료 귀족에게 합당한 벌을 받은 일에 지나지 않았으니까.

볼테르는 복수를 노렸으나 체포되어 바스티유 감옥에 갇혔고, 영국으로 추방되었다. 그동안은 반쯤은 허세에서, 반쯤은 유명해지고 싶은 마음에서 비판을 가했던 프랑스 기성 체제의 문제를 뼈저리게 깨닫게 된 사건이었다. 볼테르는 아는 영국인 집에 눌러앉아 영어를 배우기 시작했다. 언어와 더불어 영국 사회를 보는 눈이 트이자 프랑스에 비하면 상당히 자유로운 분위기의 영국에서 많은 것을 배우고 느끼게 되었다. 영국은 여러 종교의 사람들이 거리낌 없이 어울렸고, 나라를 부강하게 만드는 상업을 중시했으며, 예술가와 사상가를 존중했기에 뉴턴을 비롯해 인기 여배우도 웨스트민스터에서 장례식을 치렀다(프랑스에서는 여배우가 창녀 취급을 받았기에 사망하면 파리 외곽의 구덩이에 던져져 석회가 뿌려졌다). 또한 볼테르는 잘 몰랐으나 이 시기 영국은 과학이 상당히 발전해 있었다.

하지만 어디까지나 영국은 외국이고 영어는 외국어였다. 그리고 영국에서 얻은 명성은 프랑스에서 누렸던 명성에는 비할 바가 아니었다. 프랑스 귀족 사회는 여전히 용납할 수 없었으나 프랑스는 돌아가고 싶은 고향이었다. 볼테르는 결국 추방된 지 2년 남짓 만에 프랑스로 돌아왔다. 드로앙 사건은 흐지부지 없었던 일이 되어 있었다.

또 몇 년이 흘렀다. 볼테르의 귀족에 대한 증오심과 프랑스 체제에 대한 저항도 흐지부지 없었던 일이 되었다. 그도 어느덧 30대 후반에 접어들었고, 젊었을 때의 혈기와 열정은 꺾인 지 오래였으며, 건강도 좋지 않았다. 그동안 채권과 각종 투자로 막대한 부를 쌓고 당대의 천재 시인이라는 명성도 남아 있는지라 따분하지만 안락과 존경을 동시에 누리는 삶이 계속되었다. 다시금 치열하게 도전해야 할 일도, 달성해야 할 목표도 없는 일상이 되풀이되고 있었다.

그러던 1733년의 어느 여름날, 볼테르의 친구 부부가 낯선 여인을 데리고 찾아왔다. 친구 부부는 그 여인과 죽이 잘 맞을 것이라며 볼테르에게 여인을 소개했다. 그녀의 이름은 에밀리 뒤샤틀레였다.

이쯤에서 한국인이라면 귀가 쫑긋하기 마련인, "석 달 만에 영시를 읽어낸 영어 왕초보 볼테르의 공부 비법!"을 알아보자. 볼테르는 일기를 쓰는 것으로 영어 공부를 시작했고, 흥미로운 단어는 꼼꼼히 적어두었다. 이를테면 "스커틀라 씨는 아내의 불쾌감을 멋진 십질로 치료해주었다"고 쓴 다음 "십"이란 단어를 줄을 그어 지우고 올바른 철자 "씹"을 기입하는 식이었다. 발음을 배우고 싶으면 셰익스피어 극이 상연되는 극장으로 가서 대본을 한 권 빌린 다음, 배우들이 대사를 할 때 대본을 보면서 입으로 그 발음을 따라 했다. 이런 노력 끝에 석 달쯤 후에는 영시를 감상하고 당대 영국의 유명 인사들과 편지를 주고받을 수 있게 되었다. 좀 더 시간이 지나자 스위프트가 갓 출판한《걸리버 여행기》를 읽고 앞으로는 보다 논리적이고 일관되게 프랑스를 비판하기 위해 산문 형식의 작품을 써야겠다고 결심하게 되었다.

뉴턴으로 맺어진 연인들

스물일곱의 에밀리와 30대 후반의 볼테르는 처음에는 서로에게 육체적으로 끌렸으나 곧 서로의 정신에도 끌리게 되었다. 두 사람은 철학과 신학, 과학에 대해 기나긴 토론을 벌이고 이야기를 나누며 서로를 격려하고 자극했다. 이후 처음 사랑에 빠졌을 때의 정열이 식자 서로에게 싫증을 느끼고 냉각기에 접어들거나 다른 이성을 만나기도 했으나, 결국은 서로에게 다시 돌아오곤 했다. 에밀리에게 볼테르는 당시의 여성 혼자서는 도저히 할 수 없는 일, 과학 연구의 세계에 발을 들여놓고 위대한 저술가와 사상가의 명단에 이름을 올리도록 도와줄 수 있는 남자였다. 볼테르에게 에밀리는 이 세상을 해석하는 새로운 관점을 보여주고, 어렴풋이 떠올리기는 했으나 과학적이고 논리적으로 정리할 수 없었던 생각을 책으로 펴낼 수 있도록 이끌어주는 창작력의 원천이었다.

에밀리가 볼테르에게 지적인 매력을 느끼고, 볼테르는 자신보다 에밀리가 훨씬 똑똑하다고 인정하게 된 계기는 뉴턴이었을 것이다. 에밀리는 수학에 뛰어났고 라틴어도 프랑스어만큼이나 잘했기에 뉴턴이 라틴어로 쓴 난해한 저서 《프린키피아》를 잘 이해했고, 볼테르에게 행성이 시계 장치처럼 돌아가는 이치를 설명해줄 수 있었다. 볼테르는 영국에서 뉴턴을 접하고 우주를 해석하는 그 새로운 이치에 감명을 받았으나 수학을 배운 적이 없고 라틴어도 서투른지라 뉴턴의 수학적 개념은 제대로 이해하지 못했다. 하지만 에밀리의 설명을 듣고 자신의 《영국 서간》(또는 《철학 서한》)에 뉴턴의 연구에서 통찰한 생각을 적어넣을 수 있

에밀리와 볼테르가 사랑을 나누고 연구와 집필에 몰두했던 시레이 성.

게 되었다.

당시 프랑스 과학계는 뉴턴의 학설을 지지하지 않았고 한물간 데카르트의 우주관을 고집하고 있었다. 그런 의미에서 볼테르와 에밀리가 뉴턴에 관심을 가지고 몰두한 연구는 프랑스의 과학 발전에 큰 공헌을 했다. 나중에 볼테르는 자신에게 과학적 재능이 없으며 또한 아무리 과학을 공부해도 에밀리를 따라갈 수 없다는 것을 인정하고 뉴턴의 법칙을 당시의 정치나 사회를 해석하는 잣대로 사용하는 쪽을 택했다. 에밀리는 《프린키피아》의 심오한 비밀을 끝까지 파고들어 명료한 해설서를 쓰는 일에 집중해서 《뉴턴 자연철학의 수학적 원리》를 남겼다. 한편 볼테르는 끝까지 뉴턴을 지지했으나 에밀리는 나중에 뉴턴과 경쟁 관계였던 라이프니츠의 학설에 관심을 보였기에, 결국 뉴턴은 둘 사이를 갈라놓는 원인이 되기도 했다.

시레이 성의 행복

두 사람이 합작으로 남긴 과학적 업적 가운데는 근대적 의미의 '연구소'를 설립한 것도 있다. 유럽 각국의 과학 아카데미와 견줄 법한 장서를 보유한 도서관과 최신 실험 장비가 들어찬 연구실이 갖춰진 연구소를 만든다는 것은 100년은 앞선 생각이었다.

당시의 프랑스 귀족 사회는 기혼 남녀의 불륜에 관대했으나 몇 가지 규칙은 지켜야 했다. 결혼의 겉모습은 유지해야 한다는 의미에서 파리 시내에서 공공연한 애정 행각을 벌이거나 파리에 있는 상대의 집에서 성행위를 갖는 것은 금기시되었다(파리가 아닌 곳에서는 괜찮았다). 게다가 에밀리는 귀족이었으나 볼테르는 제아무리 대문호라 해도 평민이었기에 둘의 사이는 사교계에서 쑥덕공론이 되지 않을 수가 없었다. 두 사람에게는 눈치 보지 않고 연애와 연구를 동시에, 공동으로 진행할 수 있는 곳이 필요했다. 그곳이 바로 샹파뉴 시레이에 있는 시레이 성이었다. 물론 볼테르가 에밀리와 대화를 나누면서 얻은 영감을 바탕으로 프랑스의 전제주의와 가톨릭교를 마음껏 비판한 《영국 서간》이 출판되면서 당분간(이라기보다는 10년이었음) 파리에 돌아갈 수 없게 된 이유도 컸다.

시레이 성은 에밀리의 남편 플로랑 클로드의 소유였다. 지금의 시각으로 보면 받아들이기 어려운 일이었지만 플로랑 클로드는 별로 개의치 않았다. 자신 역시 국경 지대 군부대에서 다른 여자들과 늘 동거하다시피 살고 있었고, 무엇보다 볼테르가 자기 돈을 어마어마하게 들여 낡아빠진 성을 거의 개조하다시피 복구해놓았기 때문이다. 법에 따라 성은 플로랑 클로드와 에밀리의 아들에게 상속될 것이니, 그로서는 돈을 번 것이나 다름없었다. 이렇게 해서 시레이 성은 사람이 오래 거주하기 어려울 정도의 폐허에서 에밀리의 연구실과 볼테르의 작업실, 공동 실험실과 서재, 볼테르의 작품을 상연할 수 있는 작은 무대까지 갖춰진 안락한 성으로 거듭났다. 그리고 에밀리와 볼테르의 명성이 유럽에 퍼져나가면서 당대의 사상가와 과학자 들의 서신이 오가고 베르누이 같은 과학자가 장기간 묵는 프랑스 과학 연구의 중심지가 되었다.

시레이 성에서 에밀리와 볼테르는 각자의 연구와 저작에 몰두하는 한편 합작으로 연구를 하기도 했다. 그 연구 결과가 《뉴턴 철학 원론》이라는 책이었다. 이 책은, 에밀리가 뉴턴 사상의 원리를 설명하고 두 사람이 나란히 망원경으로 토성을 관찰하거나 프리즘을 통과한 빛이 무지갯빛으로 퍼져나간다는 것을 실험으로 확인한 후 볼테르가 원고를 다듬어 완성한 작품이었다. 하지만 당시의 관행에 따라 표지에는 볼테르의 이름만이 적혔고, 에밀리의 공로는 원고 서두에 에밀리가 도움을 주었다는 감사의 말로 축소되었다.

두 사람의 연애사로 보자면 이때가 가장 행복한 시간이었을지 모른다. 에밀리에게 볼테르는 뉴턴의 이론을 연구하고 그 해설서를 쓴다는 꿈을 이루어준 남자였고, 볼테르에게 에밀리는 과학에 관한 저작을 낼 수 있게 도와준 여자이자 "뉴턴을 이해하는 동시에 카드 도박에 능숙한 여성과 함께 살고 있다"는 만족감을 주는 여자였다.

에밀리, 논문을 제출하다

1736년, 친구들에게 무심코 보여준 불온한 내용의 시가 문제가 되어 볼테르는 다시 프랑스를 떠나 네덜란드로 도망쳐야 했다. 네덜란드에서 그는 뉴턴의 법칙에 숨은 또 다른 의미를 실험으로 밝혀내려는 스흐라베잔데라는 법률가를 만났고, 간단하지만 정교한 실험을 제대로만 해내면 뉴턴조차도 몰랐던 불변의 진리를 발견할 수도 있다는 가능성에 흥분했다.

이듬해 에밀리가 친정과 남편 가문의 힘을 동원한 덕분에 시레이로 돌아온 볼테르는 뉴턴의 후계자로서 불멸의 명성을 얻을 실험을 구상하기 시작했다. 때마침 파리의 과학 아카데미에서는 열, 빛, 불의 본질을 밝히는 논문에 그해의 과학상을 주겠다는 공모 요강을 발표했다. 볼테르는 막대한 자금을 들여 각종 실험 도구를 사 모으고 파리에 재정 대리인을 보내 다른 과학자들이 어떤 연구를 하고 있나 염탐하게 하는 한편, 에밀리에게 실험과 계산 과정을 도와달라고 부탁했다.

에밀리는 기쁜 얼굴로 동의했고, 각종 금속에 열을 가해서 변화를 살펴보는 볼테르의 실험에 협조하고 계산이 필요할 때마다 도와주었다. 하지만 에밀리는 밤이 되어 볼테르가 자기 방에서 실험 결과를 글로 정리할 때면 자신도 자신의 방에서 밤늦게까지 책상 앞에 앉아 글을 썼다. 그녀는 볼테르 몰래, 혼자서 과학 아카데미상에 도전할 작정이었다.

에밀리는 볼테르의 실험 방향이 잘못되었다는 사실을 알고 있었지만 그의 자신감을 꺾고 싶지 않아서 입을 다물었다. 혼자서 창의성을 발휘

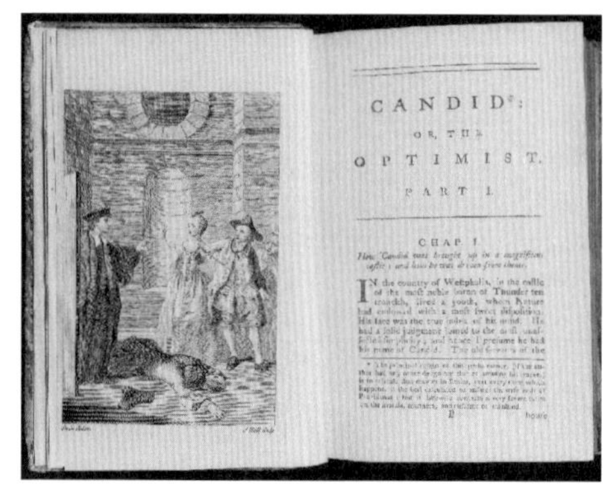

볼테르의 《캉디드》. 그의 주요 저작은 에밀리와의 만남 이후에 저술되었다.

하려는 사람에게 자신감이 얼마나 중요한지는 그녀 자신이 잘 알고 있었다. 또한 볼테르의 체면을 깎을까 봐 독자적으로 실험도 하지 않았다. 그녀는 당시의 통념과는 반대로 빛에는 입자가 없으며, 따라서 질량도 없고, 태양빛에서 지구 전체에 공급할 만한 열이 나오는 것은 프리즘으로 빛을 분산시켰을 때 나오는 여러 색깔에 존재하는 힘 덕분이라는 주제로 논문을 쓸 참이었다. 하지만 빛이 충분한 대낮에 프리즘을 설치하고 여러 개의 온도계를 부착해 분산된 색깔 하나하나의 열을 재는 실험을 한다면 볼테르가 눈치 챌 것이 뻔했다. 에밀리는 실험을 포기하고, 논문 말미에 "충분한 실험을 한다면 서로 다른 색깔의 빛에서 발열의 힘이 뚜렷이 구분됨을 입증할 수 있을 것이다"라고 쓰는 정도로 만족해야 했다.

실제로 에밀리의 이 실험 아이디어는 그로부터 70년 후 저명한 천문학자 허셜이 거의 동일한 방식으로 실천에 옮겼다. 허셜은 눈으로는 어떤 색깔의 빛도 볼 수 없는 부분에서 온도계에 열이 전달되는 것을 보고 적외선을 발견하게 된다. 이후 자외선이 발견되면서 우주에는 여러 가지 빛이 존재하고 인간의 눈에는 극히 일부만이 보일 뿐이라는 생각이 정설이 되었다. 이에 따라 사진술을 비롯한 거의 모든 현대 과학 및 기술의 기본이 되는 개념이 정립되었다. 에밀리는 순전히 추론의 힘만으로 이 위대한 성과로 향하는 첫 단계를 생각해낸 것이다.

각자 사정에 따라 간신히 논문을 제출한 볼테르와 에밀리는 결과 발표를 기다리며 서로 다른 마음으로 몇 달을 보냈다. 볼테르는 유행과 비평가들의 혀에 놀아나야 하는 문인보다 불멸의 법칙을 발견한 과학자로 변신하고 싶었기에 일등을 하고 싶은 마음이 간절했다. 반대로 에밀리는 자신이 절대 일등을 하지 못하리라는 사실을 잘 알고 있었다. 너무나 독창적인 논문이기도 했고, 자신이 여자이기 때문이기도 했다. 여자가 남자보다 뛰어나다는 것은 자연의 모든 범주를 거스르는 현상이고 그야말로 세상이 뒤집힐 일이었다.

마침내 결과가 발표되었다. 두 사람 모두 일등을 하지는 못했다. 프랑스 과학아카데미는 여전히 데카르트를 숭상했기에 불온한 뉴턴과 관련한 논문은 배척당했다. 하지만 제출된 논문을 읽은 과학자들은 누구의 논문이 가장 뛰어난지 알 수 있었고, 에밀리의 논문 내용이 유럽 과학계에 알려지면서 시레이 성과 에밀리의 명성이 전 유럽에 퍼져나가기 시작했다.

벌어지는 마음

볼테르는 에밀리의 성공을 대범하게 받아들였다. 볼테르가 제출한 논문 역시 "프랑스에서 가장 위대한 시인이 작성한 것"으로 "물리학에 대해 폭넓은 지식을 보유하고 있음을 알 수 있다"는 추천의 말이 붙었으니 과학계에서 어느 정도 성공은 거둔 셈이었다. 하지만 논문이 공개되면서 실험 방식이 잘못되었음을 깨닫고 내용 중에도 낯부끄럽게 틀린 부분이 밝혀지면서, 볼테르는 과학에 대한 확신을 잃고 에밀리에게 망신을 당했다는 생각에 기가 꺾였다. 상처 입은 자존심은 자신이 가장 잘하는 분야, 문학 작품을 쓰는 것으로 치유하는 수밖에 없었다.

에밀리는 볼테르의 심기를 건드리지 않기 위해 최선을 다했다. 논문 발표 후 몇 달 동안 연구를 중단하고 스트레스로 앓아누운 볼테르를 정성껏 간호했다. 볼테르와 친분이 있는 과학자들과 과학에 대한 편지를 주고받을 때는 도움이 필요하다는 식의 자기 비하 표현을 썼다.

하지만 에밀리가 수학에서 뉴턴과 경쟁 상대였던 라이프니츠의 견해에 동의하고 라이프니츠와 뉴턴의 생각을 통합하려는 연구를 시작하면서, 두 연인의 사이는 점점 틀어졌다. 과학은 포기했으나 뉴턴의 사상은 포기하지 않았던 볼테르는 에밀리가 뉴턴을 버렸다고 생각하며 몹시 언짢아했다. 서로에게 화가 난 두 사람은 그러나 연인답게 그 사실을 요란스러운 방법으로 숨겼다. 손님을 마구 초청해서 흥청망청 시간을 보내고, 서로에게 비싼 선물을 안기고, 나중에는 파리에 새집을 장만하고 사교계에서 가장 주목받는 한 쌍이 되는 생활을 택하는 것으로 도

피를 시도했다.

파리에서의 생활은 두 사람 모두에게 만족스러워 보였다. 에밀리와 볼테르의 노력 덕분에 파리의 모든 이들이 뉴턴이라는 이름을 알게 되고 뉴턴의 사상을 배우는 분위기가 만들어졌다. 파리 사람들은 에밀리가 베르길리우스의 저서를 번역했고, 성경 주해를 썼으며, 뉴턴 해설서에서 과학 관련 부분을 도맡았고, 불과 빛을 독자적으로 연구했으며, 남성만이 허용되는 학회에서는 배척당했으나 전 유럽의 과학자들과 편지를 주고받고, 그들에게 존경의 대상이라는 사실을 알고 있었다.

볼테르는 계몽 시대를 이끌어갈 사상가로서, 당시 아직 20대 젊은이에 불과했던 계몽주의자들의 신으로 떠올랐다. 그들이 보기에 관습에서 동떨어지고 부유한 후원자의 변덕에 휩쓸리지 않는 독자적인 삶을 살면서 뉴턴의 사상이라는 과학적 견해로 프랑스의 기성 제도를 비판하고 재치 있는 풍자로 서슴없이 비판을 가하는 볼테르는 가히 세계를 바꿀 수 있는 존재였다.

실제로 볼테르는 세계를 바꾸고 싶어 했다. 하지만 방법이 문제였다. 볼테르는 뉴턴의 접근법으로 정치를 분석했다. 유럽의 군주들은 자신들의 권위가 먼 과거에서부터 이어졌기에 지금의 권위와 사람들의 복종이 당연하다고 믿는다. 하지만 에밀리가 설명해준 뉴턴의 법칙에 따르면, 토성의 위성이 공존하는 것은 태양계의 다른 모든 천체가 따르는 중력의 법칙을 따르기 때문이다. 이전에 그 위성들이 어떻게 생성되었는지를 연구한다 한들 지금 위성이 공전하는 법칙과는 아무 관계가 없다. 마찬가지로 지금 국왕의 조상들이 어떠했는지는 국민과 상관이 없다. '현재의' 국왕은 우리의 복종을 받을 만큼 유능하며 그 권위에 정당성이 있는가가 문제다. 이것이 계몽사상의 핵심이었고(미국 독립 선언의 핵심이기도 했다), 볼테르는 이를 토대로 프랑스를 개혁하고 싶어 했다. 하지만 프랑스 궁정에 영향력이 없는 그로서는 실천할 방법이 없었다.

그런 볼테르에게 대안으로 떠오른 인물이 프로이센의 프리드리히 2세였다. 프리드리히는 볼테르가 원하는 개혁은 무엇이든 받아들이고 폭군이었던 아버지와는 전혀 다른 삶을 살고 싶다는 편지로 볼테르를 유혹했다. 볼테르는 프로이센 황제의 자문가가 되어 유럽의 평화를 수호하는 인물이 된다는 꿈에 부풀어 프러시아로 갔다. 하지만 프리드리히의 냉혹한 성격과 볼테르를 이용해 침공 행위를 정당화하려는 속셈을 꿰뚫어본 에밀리는 볼테르의 프로이센행을 반대했다. 결국 에밀리의 판단이 옳았다. 볼테르는 원대한 꿈이 깨어진 데다 설상가상으로 프로이센에 머물면서 프랑스와 에밀리를 조롱한 발언과 편지 내용이 문제가 되어 자신뿐 아니라 에밀리의 입장도 난처하게 만들었다. 프리드리히는 볼테르가 프랑스로 돌아가지 못하게 하려고 일부러 그를 자극해서 프랑스와 에밀리에 대한 험담을 늘어놓게 하고 문서에 기록한 다음 프랑스 국내에 유출시켜버렸던 것이다. 그동안 가문의 연줄로 볼테르를 보호하려 애썼던 에밀리도 지치고 말았다.

에밀리가 자신에게 실망했다는 사실은 볼테르에게는 견딜 수 없는 굴욕이었다. 볼테르는 평생 자신이 위대한 인물, 훌륭한 사람이라는 확신을 가지려 기를 썼다. 자신을 사생아가 아닌가 의심할 만큼 끝없이 무용지물 취급을 했던 아버지 때문에 생긴 트라우마였다. 에밀리를 알게 된 후로는 그녀가 자신을 위대한 인물로 인정하는 것이 더없이 중요한 격려가 되었다. 그런데 지금 자신의 잘못 때문에 에밀리의 신뢰를 잃은 것이다.

볼테르는 연인이 할 수 있는 가장 어리석고 비겁한 선택을 했다. 에밀리를 볼 때마다 자기 잘못을 떠올리는 일이 없도록, 그녀에게 이별을 고하고 멀리 떨어진다는 선택이었다. 게다가 친구들에게 동정심을 얻고 에밀리에게는 자신도 화가 났다는 사실을 알려주기 위해 자신이 (성적 관계를 즐길 수 없을 만큼) 늙었으니 에밀리의 상대가 될 수 없다는 내용의 시를 써서 보냈다. 볼테르 자신이 프로이센에 있을 때 프리드리히의 여동생과 몇 주나 밤을 같이 보내며 둘 사이의 관계를 묘사한 에로틱한 시가 벌써 유럽에 나돌고 있고 조만간 에밀리의 손에도 들어갈 것이라는 사실을 알면서 저지른, 잔인하기까지 한 행동이었다.

수렁과 극복

에밀리와 볼테르는 무너지기 시작했다. 에밀리는 도박에 빠졌으나 마음이 불안정하고 세간의 시선을 의식하느라 기술을 제대로 발휘하지 못했다. 도박 빚을 갚기 위해 볼테르에게 돈을 빌리는 편지를 써야 했고, 볼테르는 에밀리가 소유물을 압류당하기 직전이 되어서야 빚을 갚

아주는 식으로 복수를 했다. 에밀리는 과학 연구도 중단해버렸다. 볼테르라는 든든한 버팀목이 사라져버리자 새로운 연구를 시작할 추진력이 전혀 생기지 않았다.

볼테르 역시 나중에 "내 인생에서 유일하게 아무짝에도 쓸모없던 시절"이라고 회고하게 되는 무의미한 시간을 보내고 있었다. 에밀리와 헤어진 이후 문학에 대한 자신감도 사라져 글을 쓸 수도 없었다. 볼테르가 공허함을 견디지 못하던 차에 무능한 루이 15세를 보필하던 플뢰리 추기경이 사망하는 일이 일어났다. 그러자 루이 15세는 어처구니없게도 정부情婦들에게 정사를 물어보았고, 볼테르는 뉴턴의 우주론을 인간 세상에 적응시킨다는 자신의 원대한 계획을 실현할 좋은 기회가 찾아왔다고 생각했다. 오랜 친구 리슐리외와 손을 잡고, 유약한 국왕이 한눈에 반할 여성을 왕의 침대로 들여보내면 그녀를 통해 권력을 잡고 프랑스를 개혁할 수 있으리라 믿은 것이다(그러면 에밀리도 프로이센에서의 실패를 잊고 이 볼테르를 다시 보게 되리라). 두 사람이 고른 여자는 왕의 공식 정부가 되었다. 그러나 그다음이 문제였다. 이제 퐁파두르 부인이 된 그녀는 자신의 미천한 신분을 알고 있는 볼테르와 리슐리외를 냉대했고, 볼테르는 왕의 침실 시중을 든다는 모욕적인 영예직을 받아들여야 했다. 프랑스 궁정과 귀족들을 호기롭게 경멸하던 계몽주의 사상가 볼테르의 모습은 이제 찾아볼 수 없었다.

절망에 빠진 볼테르는 자주 에밀리를 떠올렸다. 프리드리히의 참모습을 꿰뚫어보고, 베르사유 궁정에 지나치게 빠지지 말라던 그녀의 혜

안이 자꾸 그리워졌다. 에밀리는 볼테르라는 인간을 온전히 이해하는 동반자였다. 그 누구도 에밀리를 대신할 수는 없었다.

그 무렵 에밀리는 서서히 현실을 받아들이고 있었다.

"10년 동안 내 영혼을 예속시킨 남자와 사랑에 빠져 행복했다. (……) 잃어버린 사랑은 그 무엇으로도 채울 수 없다. 적어도 그것만은 배울 수 있었다."

에밀리는 마음속 가장 깊은 곳에서 원하는 일, 과학을 생각하기 시작했다. 자유 의지, 우주의 에너지 총량에 대해 생각하던 그녀에게 문득 하고 싶은 일이 떠올랐다. 자신이 찾고 있던 심오한 해답을 뉴턴의《프린키피아》를 새로이 해석한 책을 펴내면서 찾아보는 것이 어떨까 하는 생각이었다.《프린키피아》는 위대한 저서임은 분명했으나 라틴어로 쓰인 데다 낯설고 복잡한 기하학으로 채워져 있어 과학자들조차도 직접 읽고 활용하는 경우는 드물었다. 에밀리는《프린키피아》를 단순히 프랑스어로 번역하는 것이 아니라 새로운 시대에 맞추어 좀 더 현대적인 계산법을 적용하고 주해도 덧붙여 뉴턴의 업적을 가장 잘 계승하는 법을 설명하고 싶었다. 쉽지 않은 일이고, 몇 년이 걸릴지도 몰랐지만 꼭 해내고 싶었다. 그리고 차츰 가능한 일이라는 확신을 얻게 되었다.

재결합, 새로운 인연, 1748년

프로이센에서의 일로 헤어진 지 2년, 에밀리와 볼테르는 다시 가까워졌다. 이제는 각자의 나이도 있고 해서(에밀리도 이제 마흔 둘이었다) 옛날 처럼 잠자리까지 나누는 사이는 아니었다. 그리고 서로가 없으면 일에 몰두할 수 없는 지경에 빠지는 것도 아니었다. 볼테르는 파리에서 벌인 일로 내려진 체포령을 피해 숨어 있는 동안 지루함과 갑갑함을 동력으로 《자디그》를 완성했고(훗날 에밀리 사후에 발표한 《캉디드》 다음으로 많이 읽히는 작품이다), 에밀리는 《프린키피아》 해석본을 쓴다는 필생의 목표를 정한 후였다. 연인이라는 긴장감이 사라지자 서로를 마음 편하게 대하면서 둘 사이의 우정은 오히려 더욱 깊어졌다.

그러나 폴란드 왕 스타니수아프의 초청을 받아 뤼네빌 궁에서 지내던 무렵, 볼테르는 이상한 낌새를 챘다. 에밀리는 생기발랄해진 대신 뉴턴 연구에 소홀해졌고, 뤼네빌 생활에 싫증이 난 볼테르가 시레이나 파리로 돌아가자고 제안해도 이런저런 핑계를 대며 뤼네빌을 떠나려 하지 않은 것이다.

에밀리는 사랑에 빠진 것이었다. 상대는 군인이자 젊은 시인 생랑베르였다. 에밀리는 자신이 아직 사랑받을 가치가 있는 존재임을 확인했고, 생랑베르는 이렇게 유명하고 존경받는 여성이 자신을 사랑할 가치가 있는 존재라고 생각한다는 것에 감격했다. 나중에야 둘의 관계를 알게 된 볼테르는 처음에는 격분했다. 그러나 볼테르를 사랑하지만 그의 건강을 생각해서 육체관계는 다른 사람과 맺기로 했다는 에밀리의 논리에 수긍했다. 사실 볼테르 역시 베르사유를 장악하려다 실패했을 무렵부터 조카딸 마리 루이즈와 관계를 갖고 있었으니 더 이상 화를 낼 처지는 아니었다(당시 삼촌과 조카딸의 근친상간은 지금처럼 혐오스러운 일이 아니었다).

하지만 생랑베르는 에밀리와의 사랑을 유지하기에는 너무 젊었고 너무 미숙했다. 그의 문학적 역량은 볼테르의 발끝에도 미치지 못했고, 보병 장교라는 지위는 유럽 최강의 기병대를 지휘하는 에밀리의 남편에 비하면 보잘것없었으며, 그가 영향력을 발휘하는 뤼네빌 궁은 에밀리와 볼테르가 너무나 잘 아는 베르사유에 비하면 아무것도 아니었다. 생랑베르는 자존심이 상했고, 인생에서 정말 심각한 문제를 처리해본 적이 없는 젊은이답게 이 상황을 피하는 것으로 해결하려 했다. 그는 신사답게 이별을 고하는 대신 에밀리에게 차갑게 대했고, 유일하게 그녀를 즐겁게 해줄 수 있는 영역인 잠자리에서 자신의 능력을 과시해 굴욕을 해소했다.

에밀리는 나이 어린 연인을 어르고 달래며 관계를 계속 이어나가려 했지만 뾰족한 수가 없었다. 게다가 설상가상으로, 언제나 철저히 피임을 했음에도 뜻하지 않게 생랑베르의 아이를 임신하게 되었다. 오늘날에야 초산이 아닌 한 마흔둘에 아이를 배고 낳는 것이 크게 위험한 일은 아니지만, 마흔을 넘어도 오래 사는 축에 속했던 시대에 마흔이 넘어 아이를 낳는다는 것은 살아남기 힘든 일이었다.

마지막 연구

생랑베르는 겁을 집어먹고 먼 주둔지로 달아나버렸다. 에밀리는 볼테르와 함께 시레이에 돌아오고서야 사실을 털어놓았다. 가장 먼저 처리해야 할 일은 이 아이를 플로랑 클로드의 친자식으로 만드는 것이었다. 상속 재산을 지키려면 그 수밖에 없었다. 낙태는 위험천만한 최후 수단이었다.

플로랑 클로드가 시레이 성으로 와서 3주일 정도 머물 때 에밀리와 볼테르는 계획을 실행에 옮겼다. 플로랑 클로드와 에밀리는 하인들이 다 보는 앞에서 만찬을 즐기고 같은 침실에 들어갔다. 볼테르는 용의주도하게 자리를 비켜주었다. 얼마 후 에밀리가 마흔두 살의 나이에 남편의 아이를 임신했다는 소식이 파리와 베르사유로 퍼져나갔다.

이제 남은 일은 연구를 마무리하는 것이었다. 에밀리는 임신한 후에도 몸이 가뿐하고 건강했지만 위생 관념이 없던 당시에는 에밀리보다 훨씬 젊은 산모도 임신 합병증으로 자궁 출혈 끝에 사망하는 일이 흔했다. 에밀리에게는 시간이 없었다.

뉴턴은 서른이 되기 훨씬 전에 《프린키피아》를 구성하는 내용들을 거의 다 완성했다. 하지만 내성적인 데다 비밀을 좋아하고 비판을 받기 싫어했기에 알아낸 것을 혼자만 간직하고 있었다.

뉴턴은 20여 년 후 다른 연구자들이 단편적이나마 자신이 먼저 알아낸 것을 발표하기 시작하자 그제야 커다란 2절판에 방대한 내용을 자랑하는 《프린키피아》를 펴냈다. 그는 학계에서 인정을 받는 것보다는 누구보다도 신의 계획에 먼저, 가장 가까이 접근한 인간으로서 존경을 받고 싶어 했다.

에밀리는 뉴턴이 미적분을 발명해놓고도 《프린키피아》에서 복잡한 구식 기하학을 사용한 것에 의문을 품었다. 그러다가 뉴턴이 연금술과 성경 해석에 탐닉했으며, 비밀을 감추는 글쓰기 형식, 즉 일반 독자가 알 수 있는 표면적인 의미 아래 더 심오한 뜻을 숨기는 방법을 《프린키피아》에 썼을지도 모른다는 데 생각이 미쳤다.

라틴어로 쓰인 《프린키피아》를 그대로 번역하는 작업은 이미 끝난 상태였다. 에밀리는 좀 더 심오한 해석, 명쾌한 분석이 필요했다. 그녀는 중력이 지구 중심에서 바깥쪽으로 뻗어나가는지를 밝히려고 한 정리를 찾는 일과, 에너지 보존에 관한 정리를 자신이 연구했던 불의 성질과 연관 짓는 일에 집중했다. 어쩌면 그녀는 몇 년 전부터 품었던 자유 의지에 대한 해답을 찾고 싶었는지도 몰랐다. 아니면 어릴 때부터 궁금해했던 미래의 인간 세계를 알 만한 지식을 찾고 싶었는지도.

에밀리는 새벽 3시, 4시까지 집필에 몰두했고, 출산일이 다가오자 아예 동틀 때까지 책상 앞에 앉아 있기도 했다. 볼테르는 이제 그녀를 말리는 일은 포기하고 출산 후에도 살아남을 가능성은 충분하다는 말로 기운을 북돋아주었다.

강행군을 계속한 끝에 원고는 1749년 8월 30일에 완성되었다. 에밀리는 왕립도서관 관장에게 이 원고가 소실되지 않도록 잘 부탁한다는 편지를 썼다. 그리고 9월 3일 밤 딸을 낳았고, 출산 때의 감염으로 9월

10일에 사망했다. 갓난아기도 그 직후 죽었다.

넋이 나간 볼테르는 "내 반쪽을 잃었다!"는 말만 중얼거렸다. 몇 달 후 시레이를 버리고 파리로 돌아온 후에도, 그의 하인은 주인이 밤마다 에밀리의 이름을 부르는 장면을 목격했다.

그 후

에밀리의 마지막 저작《뉴턴 자연철학의 수학적 원리》는 그녀가 죽은 지 10년 후인 1759년 정식으로 출간되었다. 뉴턴의 난해한《프린키피아》를 쉽고 명료하게 재해석한 이 책은 에밀리가 그토록 간절히 원했던 대로 뉴턴이 숨겨놓은 중요한 의미, 에너지 보존 법칙이라는 새로운 개념을 밝히고 있었다.

이 세계의 운동량은 총량이 정해져 있다. 도시가 생겨나 다른 도시를 집어삼키기도 하고, 문명이 멸망해서 구성원들이 뿔뿔이 흩어지기도 하지만, 이렇게 얼핏 요동이 심한 것처럼 보여도 그 총량은 절대 변하지 않는다. 즉, 에밀리의 희망대로 이 세상 어느 것도 완전히 사라지지는 않으며, 따라서 그 어느 것도—에밀리 자신과 에밀리의 과학 연구도—완벽히 소멸되는 것은 아니다.

에밀리의 저작은 라그랑주와 라플라스의 프랑스 이론물리학에 영향을 미쳤다. 이들이 만들어낸 방정식은 패러데이와 맥스웰의 장이론에서부터 양자역학이론과 상대성이론에 이르기까지 기본 도구로 쓰이게 되었다. 반면 뉴턴의 어렵고 복잡한 원저에만 의존해야 했던 영국은 결국 과학 발전에서 프랑스에 뒤처지게 된다.

에밀리가 사망할 무렵, 볼테르의 최고 걸작《캉디드》는 아직 완성되지 않은 채였다. 에밀리의 죽음에 충격을 받은 볼테르는 작품 결말을 냉소적으로 끌어갔지만, 에밀리와 삶을 공유했던 경험을 바탕으로 개인의 의견을 마음껏 드러낼 자유를 작품 속에서 끊임없이 주장했다. 그리고 계몽사상의 정치적 이상을 보급하려 했던 에밀리의 노력을 이어받아 디드로 등이《백과전서》작업을 계속하도록 격려했다. 볼테르는 84세까지 장수를 누리며 계몽사상의 대명사로서 유럽의 지식인들에게 큰 영향을 미쳤다. 그러나 정작 계몽사상이 원동력이 되어 일어난 프랑스 대혁명은 보지 못하고 1778년에 사망했다.

에밀리와 볼테르는 연애를 통해 서로를 바꾸어놓았다고 할 수 있다. 에밀리를 만나기 전 볼테르는 날카로운 재치를 지녔음에도 뛰어난 작품을 쓰지는 못했다. 그의 초기작 중에 오늘날 널리 읽히는 작품은 거의 없다. 하지만 에밀리와 연인이 되면서 뉴턴의 저작을 이해하고 뉴턴이 발견한 법칙으로 사회 제도를 개혁하겠다는 생각을 품으면서 문인이자 사상가로 성장했고, 이후《영국 서간》을 비롯해 계몽사상을 널리 알리는 역작을 써냈다.

여자는 재능을 발휘할 기회가 거의 주어지지 않던 시기에 태어난 에밀리는 볼테르의 지원을 받아 연구에 몰두하고 당대의 지식인들과 교류할 기회를 얻을 수 있었다. 에밀리가 통찰한 빛의 성질은 적외선 발견과 사진술 발명의 토대가 되었으며, 에너지 보존 법칙을 논한 그녀의 《프린키피아》 해석본은 오늘날에도 쓰이고 있다. 아인슈타인의 유명한 공식 $E=mc^2$에서 제곱이란 개념도 사실상 에밀리의 연구에서 나왔다.

참고 문헌

- 데이비드 보더니스, 《$E=mc^2$》(생각의 나무): 에밀리 이야기가 많이 나오지는 않으나, 에밀리의 연구가 아인슈타인의 저 유명한 공식 $E=mc^2$을 만드는 데 중요한 역할을 했다는 설명이 나온다. 바로 밑의 저서 《마담 사이언티스트》의 프롤로그 격이다.
- 데이비드 보더니스, 《마담 사이언티스트Passionate Minds》 (생각의 나무): 이 글의 바탕이 된 책. 에밀리에게 최초의 근대적 여성 과학자라는 영예를 돌려주었다.
- Zudith P. Zinsser, *Emilie Du Chatelet: Daring Genius of the Enlightenment*: 계몽주의의 선구자로서 에밀리를 재조명한 책. 아쉽게도 한국어 번역본은 없다.

함께 읽는 책

- 프레데릭 르노르망, 《남작부인은 다섯 시에 죽었다La baronne meurt a cinq heures》: 볼테르와 에밀리가 탐정 콤비가 되어 사건을 수사하는 추리 팩션faction. 머리는 비상하지만 허세도 만만치 않은 볼테르와 지혜롭고 유쾌한 에밀리의 캐릭터 묘사가 고증에 충실하면서 생기가 넘친다.

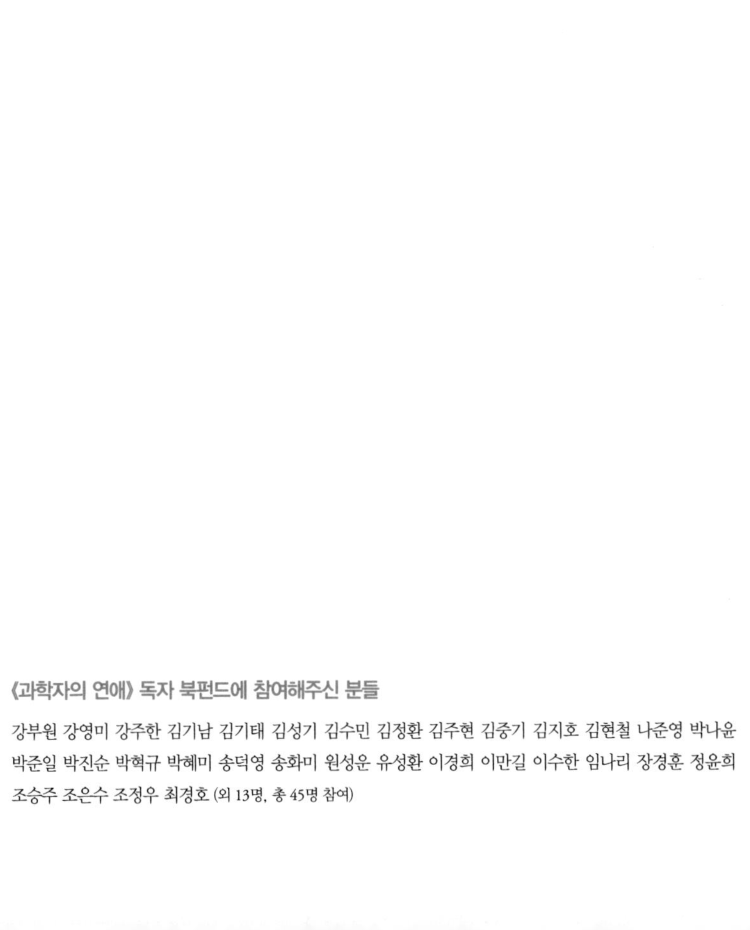

《과학자의 연애》 독자 북펀드에 참여해주신 분들

강부원 강영미 강주한 김기남 김기태 김성기 김수민 김정환 김주현 김중기 김지호 김현철 나준영 박나윤 박준일 박진순 박혁규 박혜미 송덕영 송화미 원성운 유성환 이경희 이만길 이수한 임나리 장경훈 정윤희 조승주 조은수 조정우 최경호 (외 13명, 총 45명 참여)

사진 출처

플리커(flikr.com)와 위키피디아(wikipedia.org)로 나누어 출처를 정리했습니다. 쪽번호 옆에는 저작권자의 닉네임을 괄호에 넣어 병기했습니다.

플리커 p118(Erik (HASH) Hersman)
위키피디아 p82(Rémih), p124(Jeekc), p141(William Waterway), p147(Floatjon), p169(Edwardx)